HANS-OTTO THOMASHOFF

MEHR HIRN IN DIE POLITIK

Was die Politik von der
Hirnforschung lernen sollte

ARISTON

Sollte diese Publikation Links auf Webseiten Dritter enthalten,
so übernehmen wir für deren Inhalte keine Haftung,
da wir uns diese nicht zu eigen machen, sondern lediglich
auf deren Stand zum Zeitpunkt der Erstveröffentlichung verweisen.

Bibliografische Information der Deutschen Bibliothek
Die Deutsche Bibliothek verzeichnet diese Publikation in der
Deutschen Nationalbibliografie; detaillierte bibliografische Daten
sind im Internet unter http://dnb.de abrufbar.

MIX
Papier aus verantwortungsvollen Quellen
FSC® C083411
FSC
www.fsc.org

Penguin Random House Verlagsgruppe FSC® N001967

Redaktion: Regina Carstensen
Umschlaggestaltung: Hauptmann und Kompanie, Zürich
Satz: Satzwerk Huber, Germering
Druck und Bindung: CPI books GmbH, Leck
Printed in the Czech Republic

ISBN: 978-3-424-20230-4

Unserer Zukunft gewidmet.

für Alexandra

Inhalt

Teil IV

Teil V

Teil VI

Einleitung

Heute ist Montag, der 2. November 2020. Es ist 20:00 Uhr. Ich bin in Wien. In vier Stunden beginnt hier der zweite Lockdown wegen Corona. Die Polizei zeigt bereits Präsenz. In den Bars, in den Cafés und in den Restaurants gibt es keinen freien Platz mehr. Ab Mitternacht gilt eine Ausgangssperre von 20:00 bis 6:00 Uhr morgens. Vorerst bis zum Ende des Monats. Die Entscheidung wurde von der Regierung verkündet. Das Parlament wurde nicht dazu befragt. Am Ende des ersten Lockdowns wurde den Bürgern suggeriert: Alles ist vorbei. Ihr habt es geschafft. Viele Monate sind seither vergangen. Nichts ist vorbei. Das Versprechen, es werde keinen zweiten Lockdown geben, ist Makulatur. So wie grundlegende Bürgerrechte. So wie das Vertrauen darauf, dass die Politiker wissen, was sie tun. Denn wie kann ich mich bei einem Abendspaziergang an der frischen Luft mit dem Virus anstecken? Oder scheuen sich die Politiker, uns reinen Wein einzuschenken? Wollen sie in Wirklichkeit verhindern, dass die Leute sich betrinken und dann keinen Abstand mehr halten so wie an diesem Abend? Trauen sie sich nicht, den Alkohol zu verbieten, weil die Lobby der Produzenten und das Verlangen der Konsumenten zu mächtig sind, und sperren sie deshalb gleich das ganze Land ein?

Die Regierung besteht aus demokratisch legitimierten Parteien. Wir leben in einer Demokratie. Wie kann es da sein, dass eine Regierung über die Köpfe der Bürger hinweg Entscheidungen fällt und dafür nicht einmal das Parlament befragt? Sind die Bürger, sind wir zu dumm, selbst zu entscheiden? Oder sind wir gewohnt, uns für dumm verkaufen zu lassen, weil wir aus Bequemlichkeit entscheidende Teile unseres Lebens an den Staat delegieren, der damit eine Machtfülle bekommt, die einer Demokratie unwürdig ist? In Deutschland, dem Land, aus dem ich stamme und dessen Staatsbürger ich bin, ist die Situation kaum anders.

Unsere deutsche Nachkriegsdemokratie ist inzwischen über siebzig Jahre alt. Sie ist ein Erfolgsmodell, denn nie ging es so vielen Menschen so gut wie heute. Und doch verstärkt Corona einen Trend, der schon lange spürbar ist. Die Unzufriedenheit wächst und mit ihr der politische Rand. Was läuft schief?

Die Antwort auf diese zentrale Frage, die seit Jahren die Talkshows beschäftigt, liefern nicht historische Analysen und ideologische Vereinfachungen. Nein, die Antwort liefert die Hirnforschung. Längst ist bekannt, wie unser Gehirn arbeitet und was es braucht, um uns in einen Zustand von Zufriedenheit zu versetzen. Mit anderen Worten: Wer Politikversagen und Politikverdruss verstehen will, kommt an den Erkenntnissen der Hirnforschung nicht vorbei. Unser Denken und Handeln wird von unserem Gehirn gesteuert – und damit bestimmt von den Regeln, nach denen es arbeitet. Diese grundlegende Erkenntnis gilt auf allen Ebenen: in unserem Privatleben – in Partnerschaft, Familie und Beruf – genauso wie in der Gesellschaft insgesamt und damit eben auch in der Politik. Und doch finden die Erkenntnisse von Neurobiologie und Psychologie bislang keine Berücksichtigung im politischen Alltag. Weder in der Theorie noch in der Praxis.

Eine problematische Folge davon ist, dass politische Entscheidungen beinahe ausschließlich als Reaktion auf äußere Sachzwänge getroffen werden. Statt vorausschauender Planung mit dem Ziel, die Lebensqualität der Bürger zu sichern und zu verbessern, regiert kurzfristiges Handeln, das dazu dient, möglichst den Status quo beizubehalten. Weil die langfristige Perspektive fehlt, agiert die

Politik nicht, sondern sie reagiert nur: Klimakrise, Staatshaushalt, Rentensicherung, Zukunft der Wirtschaft, Bildung. Corona. Die Liste ist lang.

Politiker wirken nicht selten getrieben von gesellschaftlichen Ereignissen, weil sie deren Dynamik nicht wirklich durchschauen. Das erkennen wir aktuell am Aktionismus in der Corona-Pandemie. Doch es zeigt sich seit Jahren auf vielen verschiedenen Gebieten, etwa im Umgang mit Radikalisierungstendenzen, in der Erfolglosigkeit endloser Friedensverhandlungen im Nahen Osten und anderswo oder in den zahllosen Versuchen, das Klima zu retten. In all diesen Fehlentwicklungen sind psychische Mechanismen am Werk, die sich der bewussten Steuerung entziehen, solange sie nicht von uns erkannt und verstanden werden.

Die wesentliche Ursache für dieses politische Scheitern liegt darin – und das ist die Kernaussage dieses Buchs –, dass die Politik ignoriert, wie unser menschliches Gehirn arbeitet. Sie ignoriert, nach welchen Regeln die Psyche ihre Entscheidungsprozesse organisiert, und sie ignoriert, welche ganz natürlichen Grundbedürfnisse unser Handeln leiten, bei deren Missachtung Unzufriedenheit entsteht. Selbstverständlich gelten diese neurobiologischen Grundregeln für Bürger und Politiker gleichermaßen.

Parallel zu diesem Defizit hat die Machtfülle von Politikern in unserem System dazu geführt, dass viele von ihnen getrieben wirken vom Hunger ihrer Egos, nur ihren Machterhalt vor Augen zu haben scheinen und freizügig vor den Wahlen Versprechungen abgeben, die gar nicht zu halten sind.

Vor dem Hintergrund all dieser Tendenzen sind die Abläufe und die Ergebnisse der Politik für die Bürger vielfach nicht mehr nachvollziehbar. Sie fühlen sich in ihren Bedürfnissen ignoriert und von einer abgehobenen Politikerkaste in ihren demokratischen Rechten entmündigt. Die Einsicht, die sich in dieser Resignation breitmacht, lautet: »Die da oben machen ja eh, was sie wollen.« Als Folge davon wächst das Lager der Unzufriedenen.

Verstärkt wird die Politikverdrossenheit durch die zunehmende Komplexität in unserer immer unübersichtlicher werdenden Welt. Das Wissen im Internet ist längst uferlos. Kaum einer hat noch den Überblick, was richtig ist und was falsch, welcher Information noch zu trauen ist und welcher nicht. In den Medien regiert die Quote. Was gelesen, gehört und gesehen wird, bringt Werbeeinnahmen und ist damit bares Geld wert. So gebiert das pausenlose Streben nach Aufmerksamkeit andauernde Dramen, Fake News oder Nachrichten, die keiner braucht – Hauptsache, sie finden Beachtung. Zeitgleich entmachtet die Wirtschaft unseren Staat, nimmt die Klimakatastrophe ihren Lauf, steuern die Sozialsysteme in vielen Ländern auf den Kollaps zu und basteln radikale Spinner an der nächsten Bombe, um nur einige Brennpunkte hervorzuheben. Das Rad der Ereignisse dreht sich immer schneller. Und die Politik? Sie betreibt Selbstinszenierung und läuft der aktuellen Lage hinterher, die im nächsten Moment schon wieder ganz anders sein kann. Auch das hat die Corona-Krise eindrucksvoll gezeigt.

Wo Weitblick und Perspektive fehlen, herrscht letztlich Ratlosigkeit. Das ist gefährlich, denn dadurch werden einfache Antworten auf komplexe Fragen verlockend. Schon das liegt in der Arbeitsweise unseres Gehirns begründet. Unweigerlich strebt es nämlich danach, dass wir uns auskennen. Dieses Streben nach Stimmigkeit, nach Kohärenz, ist eines unserer angeborenen Grundbedürfnisse. Überall stellt unser Gehirn Zusammenhänge her, sucht es permanent nach Erklärungen. Unsicherheit mögen wir nicht. Sie macht uns unzufrieden, ja oft sogar Angst. Deshalb suchen wir, wenn wir einmal nicht weiterwissen, den Rat anderer, vertrauen ihnen dann nicht selten blind. Und schon findet in Krisensituationen das simplifizierende Schwarz-Weiß-Denken selbst ernannter Anführer Zulauf. Die enormen praktischen Auswirkungen unserer Psyche auf die Politik, sie lässt sich bereits an solchen ersten Schlaglichtern erahnen.

Ich selbst bin weder Politiker noch Historiker, sondern Psychiater, Psychoanalytiker und mitdenkender Bürger. Folglich geht es mir in diesem Buch nicht um eine politische Analyse, die aus Entwicklungen der Vergangenheit Empfehlungen für die Zukunft abzuleiten sucht. Zweifellos sind solche historischen Analysen wichtig, weil sie die Wiederholung von Fehlern aus der Vergangenheit vermeiden helfen. Doch laufen sie Gefahr, sich dort in etablierten Denkmustern und damit in einmal eingeschlagenen Wegen zu verrennen, wo eigentlich ein grundlegend anderer Blick auf die wahren Triebkräfte hinter historischen Prozessen gefragt ist. Genau dafür liefert die Hirnforschung den Schlüssel.

Meine Absicht besteht also darin, Ansätze für eine Politik zu entwickeln, die gezielt das von den Neurowissenschaften erarbeitete Wissen zur Funktionsweise unseres Gehirns nutzt. Praktisch angewendet würde eine solche Politik ihrer zentralen Aufgabe besser gerecht werden, das Zusammenleben aller Bürger so zu regeln, dass die meisten zufrieden sind. Ja, mehr noch könnte eine auf der Hirnforschung fußende politische Neuausrichtung wirksam fatalen Fehlentwicklungen vorbeugen, etwa in Deutschland einem drohenden zweiten Weimar.

Gerade die Corona-Krise bietet Anlass, Politik neu zu denken. Das hat mit ihrer Aktualität zu tun und damit, dass vieles von dem, was politisch falsch läuft, in ihr verdichtet zutage tritt. Und doch dient sie nur als Verstärker grundlegender struktureller Probleme unseres politischen Systems, das sich, will es überleben, den Bedürfnissen seiner Bürger unterordnen muss.

Die Hirnforschung hat in den letzten Jahren enorme Fortschritte gemacht. Längst ist es mit ihrer Hilfe gelungen, aus den oft jahrtausendealten Ratschlägen unterschiedlichster Philosophieströmungen diejenigen herauszufiltern, die wirklich als Grundlage für ein gelungenes Leben dienen. Neurobiologen und Psychologen haben erkannt, was wir Menschen brauchen, um uns in unserem Leben wohlzufühlen. Die dafür notwendigen Voraussetzungen sind überraschend einfach und stehen doch dem aktuellen Zeitgeist in vielem diametral entgegen. Hier ist ein Umdenken erforderlich, sowohl in unserer individuellen Lebensgestaltung als auch in unserem gesellschaftlichen Miteinander. Wir Bürger müssen unsere Werte überdenken und sie an die Bedürfnisse unserer Psyche anpassen. Zugleich muss die Politik neue Zielvorgaben definieren und dabei der Funktionsweise unserer menschlichen Psyche Rechnung tragen, ja, vielfach muss sie sich einer gezielten Zukunftsplanung überhaupt erst einmal zuwenden. Andernfalls wird sie über kurz oder lang scheitern, weil sich gegen die Bürger auf Dauer keine Politik machen lässt.

In unserer westlichen Gesellschaft ist es uns gelungen, mithilfe unseres Wohlstands den meisten Bürgern eine weitgehende Absicherung ihrer wirtschaftlichen und körperlichen Existenz zu garantieren. Was unsere psychischen und damit einhergehend auch unsere sozialen Bedürfnisse angeht, bestehen allerdings weiterhin deutliche Defizite. Mehr noch: Die aktuelle Entwicklung geht bei uns eher in die falsche Richtung, ignoriert die psychische Natur des Menschen. Sie fördert Vereinsamung statt Beziehungsvielfalt, passiven Konsum statt aktivem Gestalten, Leistungsstress statt selbstbestimmter Lebensplanung. Geld ist uns oft wichtiger als Lebensglück. Den Preis dafür zahlen wir mit unserem Gefühlshaushalt, mit unserer Gesundheit und damit letztlich mit eingeschränkter Lebensqualität und Lebensdauer, auch wenn das der medizinische Fortschritt kaschiert. Es ist daher an der Zeit, radikal umzudenken und endlich unsere gesellschaftlichen Rahmenbedingungen an die Bedürfnisse unserer Psyche anzupassen.

Zweifelsfrei ist ein solcher grundlegender Wandel möglich, wenn wir nur wollen. Wir Menschen besitzen wie kein anderes Lebewesen die Fähigkeit, die Umwelt bewusst zu gestalten. Denn wir sind in der Lage, unser Denken und Handeln abstrakt zu hinterfragen und damit bewusst zu steuern. Diese zusätzliche psychische Abstraktionsebene unterscheidet uns Menschen von unseren nahen

Verwandten im Tierreich. Die faszinierende Konsequenz daraus: Wir können weitgehend selbst entscheiden, wohin wir uns weiterentwickeln wollen, welche Werte und welches kulturelle Wissen wir bewahren und dadurch an zukünftige Generationen vererben wollen. Denn auch das ist eine Besonderheit des Homo sapiens: Wir geben einen Großteil unseres Wesens über unsere Kultur an unsere Nachkommen weiter. Das bedeutet, wir können Inhalte und Werte unserer eigenen Evolution in weiten Teilen selbst gestalten und damit die Zukunft unserer Menschheit viel freier an unsere wahren Bedürfnisse anpassen, als das von uns bislang erkannt, geschweige denn umgesetzt wird.

Die Hirnforschung belegt eindrucksvoll, dass wir den Fallstricken unserer Existenz keineswegs hilflos ausgeliefert sind. Wir müssen nur endlich begreifen, wie enorm frei wir uns selbst und damit auch die Grundlagen unserer Gesellschaft steuern können. Wir sollten eine Gesellschaft aufbauen, die sich an unseren essenziellen Grundbedürfnissen orientiert. Hier ist eine vorausschauende Gestaltungskraft der Politik gefordert.

Ich bin Realist. Und doch bin ich inzwischen überzeugt davon, dass es uns gelingen kann, eines Tages ein würdiges und friedliches Miteinander aller Menschen auf dieser Erde zu verwirklichen. Aus heutiger Sicht klingt das weltfremd und utopisch. Angesichts des verantwortungslosen Verhaltens vieler während der jüngsten Krise gilt das umso mehr. Doch wenn Sie den Gedanken folgen, die ich in diesem Buch entwickele, dann werden Sie verstehen, dass eine solche Vision keineswegs unrealistisch ist.

Wir Menschen besitzen die Fähigkeit, unsere Welt zu formen. Es wird Zeit, dass wir uns dieser Verantwortung stellen.

TEIL I
Politik als Geisel des Aktionismus

Beginnen wir mit einer Bestandsaufnahme: Wo stehen wir? Was sollte Politik leisten? Was kann sie überhaupt leisten?

Aus Sicht des Bürgers sollte Politik effizient sein, sie sollte sich im Dienst der Allgemeinheit bestimmte Ziele setzen und diese konsequent verfolgen. Ihr Hauptziel sollte darin bestehen, mit Weitblick die Weichen zu stellen, die es den Bürgern ermöglicht, ihren eigenen Lebensentwurf zu entfalten – mit den dafür essenziellen Grundfreiheiten und mit einem dafür gegebenenfalls notwendigen Sicherheitsnetz. Etwa sollte sie die Regeln für das Wirtschaftsgeschehen so vorgeben, dass sich einerseits die wirtschaftliche Dynamik eines Marktes entfalten kann, andererseits aber die daraus resultierende Wertschöpfung möglichst allen zugutekommt, zumindest so weit, dass niemand auf der Strecke bleibt.

Um unsere Gesellschaft zielgerichtet weiterzuentwickeln, müssten vorausschauende Planung und langfristige Zielorientierung an die Stelle von Stillstand und kurzfristiger Krisenbewältigung treten. Doch wie lässt sich das praktisch umsetzen? Wie lassen sich im demokratischen Prozess pragmatische Anpassung und Zukunftsvision unter einen Hut bringen? Bei welchen Werten muss der geforderte Wandel in der Politik ansetzen, damit sie voll und ganz den Bedürfnissen der Bürger gerecht werden kann?

Der für die Lebensqualität des Menschen wichtigste Faktor ist sein soziales Umfeld. »All you need is love« ist nicht die ganze Wahrheit, doch es trifft den Kern. Wer in einer glücklichen Partnerschaft lebt, dem geht es in der Regel gut. Die Wissenschaft hat eindeutige Belege dafür gesammelt, wie sehr ein gutes Beziehungsumfeld Lebenszufriedenheit und Lebensdauer steigert. Intuitiv richten die meisten Menschen ihre Lebensgestaltung daran aus, ist ihr Alltag geprägt vom Miteinander mit anderen.

Nun ist das Beziehungsleben Privatsache. Seine vielfältigen Spielarten sind keine politische Angelegenheit, und das ist gut so. Allerdings beeinflusst die Politik die Rahmenbedingungen unseres Privatlebens durch die Alltagsanforderungen, die explizit und implizit an uns gestellt werden. Vor allem die zeitliche Fremdbestimmtheit durch die internationale wirtschaftliche Konkurrenz und der damit verbundene zunehmende Leistungsdruck machen es immer schwerer, genügend Zeit und Energie für die Pflege unserer Beziehungen zur Verfügung zu haben. Erinnere ich mich an den Arbeitstag meines Vaters, so war es für ihn selbstverständlich, mittags zum Essen nach Hause zu kommen und anschließend eine Pause einzulegen, bevor er nachmittags noch einmal ins Büro ging. Von einem Achtstundentag oder gar von Akkord keine Spur. Heute hingegen droht vielen von uns der Arbeitsdruck über den Kopf zu wachsen. Zugleich müssen wir andauernd verfügbar sein. Selbst in den Pausen, in denen wir nicht arbeiten, raubt uns die permanente Informationsflut viel von unserer kostbaren Zeit, weil sie unsere Aufmerksamkeit in Geiselhaft nimmt. Zum vermeintlichen Ausgleich sollen wir in unserer Freizeit möglichst gut gelaunt dem hemmungslosen Konsum frönen, um glücklich zu werden. Jeder von uns spürt schon beim Lesen dieser Zeilen: Das kann nur misslingen.

Denn für ein zufriedenes Grundgefühl im Leben brauchen wir einen ausgeglichenen Stresshaushalt. Das ist eine Alltagsbeobachtung, die jedem vertraut ist, doch lässt sie sich inzwischen auch wissenschaftlich gut fundieren, wie wir noch sehen werden.

Auf der Suche nach dem schnellen Glück durch Konsum entsteht jedenfalls zusätzlicher Stress im Körper. Zwar gibt es hie und da den kurzen beglückenden Kick, doch wird der schon bald mit Rastlosigkeit bezahlt, weil sogleich der nächste Kick gesucht wird, ganz so wie beim Glücksspiel. In einer solchen Stressspirale haben wir uns in unserer Gesellschaft verfangen.

An der University of Virginia in den USA wurde 2014 vom Team des Psychologen Timothy Wilson ein psychologischer Test durchgeführt, bei dem die Teilnehmer für fünfzehn Minuten allein in einem Raum warten sollten, in dem nichts zu tun war. Es gab lediglich eine Vorrichtung, mit der man sich selbst kleine schmerzhafte Elektroschocks zufügen konnte. Jetzt kommt die Pointe: Die Mehrheit der Teilnehmer wählte die Schocks. Sich mit nichts anderem als sich selbst auseinanderzusetzen führte bei ihnen zu Stress. Der gewohnte schnelle Kick beim Einkauf oder bei den sonst üblichen Beschäftigungen fehlte, und so holten sie ihn sich durch die angebotenen Elektroschocks. Wenn sie sich erst einmal daran gewöhnt haben, treibt die Suche nach der kurzen Erregung die Menschen an wie eine Sucht. Allerdings ist der Preis für die permanente Jagd nach dem Kitzel Dauerstress.

Wer sich im Strudel von ständigem Konsum und andauernder Action verfängt, sucht oft nach einem Ausgleich in virtuellen Beziehungen. Doch im Vergleich mit den Reichen und Schönen nimmt der Stress nur zu. Und Likes können ein echtes Lächeln nicht ersetzen. Dasselbe gilt für die Ersatzbeziehungswelten in Videospielen, Internetpornos und Fernsehserien. Die Stressbelastung steigt weiter an. Unzufriedenheit entsteht. Gleichgesinnte werden gesucht, mit denen Gründe für das eigene Unbehagen ausgemacht werden, die oft an den wahren Ursachen vorbeigehen. Wut und Resignation verstärken den Druck. Im Dauerstress werden Entzündungsparameter im Blut hochgefahren und die Bildung von Antikörpern gehemmt. Das Krankheitsrisiko steigt, die Lebenserwartung sinkt.

Das wirksamste Mittel gegen Stress sind gute Beziehungen. Sie setzen in unserem Körper das Bindungshormon Oxytocin frei, eines der stärksten Gegenspieler des Stresshormons Cortisol. Ein gesellschaftlicher Rahmen für ein erfülltes Beziehungsleben steigert daher die Zufriedenheit und die Gesundheit der Bevölkerung. In der Politik ist dieses Thema bislang nicht angekommen. Nicht dass sie sich in unsere Beziehungen einmischen sollte, doch sollte sie unsere Lebensbedingungen an unseren sozialen Grundbedürfnissen ausrichten, etwa im Arbeitsleben oder in der Städteplanung. Eine echte Sozialpolitik müsste gezielte Rahmenbedingungen für das soziale Bindungsnetz der Menschen gestalten, anstatt sich auf das Verteilen von Geld reduzieren zu lassen.

Doch entsteht ein solcher Fokus erst gar nicht, weil die Politiker im Sog des kurzlebigen Aktionismus stehen und deshalb keinen Blick für das eigentlich Wesentliche haben. Sie wollen wiedergewählt werden und benötigen dazu Aufmerksamkeit. Das sind die Regeln des aktuellen politischen Systems. Eindrucksvoll haben das in der Corona-Krise der britische Premierminister Boris Johnson und der 2020 noch amtierende US-amerikanische Präsident Donald Trump in ihren abrupten Strategieänderungen vorexerziert. Ihnen ging es dabei augenscheinlich nur um ihre Wirkung in den Medien und nicht um ihre Verantwortung als Vorbild, das konsequent an einer rationalen langfristigen Strategie für die Lösung der Krise arbeitet und entsprechende Maßnahmen glaubhaft vorlebt.

Beziehung ist kein Wert im politischen Aktionismus, der sich in Geld beziffern lässt. Und doch kommt paradoxerweise die Macht der Beziehung in der politischen Werbung permanent zum Einsatz, denn die Wahlkampfmanager haben längst begriffen, wie wahlentscheidend das Thema ist. Kaum ein Wahlkampf wird noch wesentlich um Inhalte geführt. Im Zentrum der Wahlwerbung stehen stattdessen glückliche oder – je nach politischer Ausrichtung – wütende Menschen. Es wird an das Gefühl der Wähler appelliert, weil das Gefühl stärker über Wahlen entscheidet, wenn es angeheizt ist und dadurch den Verstand in den Hintergrund drängt. Und weil es leichter ist, das Gefühl zu bedienen als den Verstand.

Vielfach wird den Bürgern auch der Verstand abgesprochen, wenn allein das Vertrauen in die Politiker beworben wird. Der Wähler wird hierdurch regressiv in die Position eines behüteten Kindes gedrängt, das sich vertrauensvoll von einem Vormund leiten lassen soll. Häufig geht die Strategie auf, wie zahlreiche Wahlergebnisse nahelegen, in denen offenkundig die Persönlichkeit der Kandidaten die Wahl entscheidet. Inwieweit solche Wahlergebnisse der Manipulation durch die Wahlwerbung, der Bequemlichkeit der Bürger oder der systembedingten Unmöglichkeit, gezielte Entscheidungen treffen zu dürfen, geschuldet sind, lässt sich nicht verlässlich sagen.

Aktuell erlaubt das politische System den Wählern nur, alle paar Jahre über Parteien und damit über inhaltliche Gesamtpakete abzustimmen. Als Entscheidungsalternative bleibt ihnen meist nur die Wahl zwischen geringerem Übel und Protest. Eine solche faktische Teilentmündigung steht dem Streben psychisch erwachsener Menschen nach Eigenverantwortung und damit nach Entscheidungsfreiheit in der Gestaltung der eigenen Lebensbedingungen entgegen. Auch das weckt Unmut.

Soziales Umfeld, Stresshaushalt und Mitgestaltung, das sind die drei entscheidenden Eckpfeiler, in denen aus Sicht der Hirnforschung eine Neuausrichtung der Politik zu fordern ist.

TEIL II
Was die Hirnforschung von der Politik fordert

Wir Menschen sind von Natur aus überraschend genügsam. Wie die Hirnforschung belegt, brauchen wir nicht viel, um zufrieden mit unserem Leben zu sein: gute Beziehungen, selbstbestimmtes Handeln, eine funktionierende Stressregulation, das subjektive Gefühl von Stimmigkeit. Diese vier Säulen reichen für ein gesundes Lebensgefühl. Meist richten wir unser Verhalten ganz von selbst an ihnen aus, wobei je nach Kultur die Schwerpunkte unterschiedlich sein können. Übertragen auf die Politik ergeben sich daraus ganz konkrete Forderungen. Zentrale Aufgabe von Politik sollte es sein, ihren Bürgern vier Grundwerte zu garantieren:

1. Bindung
2. Wirkmächtigkeit/Selbstwirksamkeit
3. Stressbegrenzung durch Gerechtigkeit und Sicherheit
4. Stimmigkeit

Diese Grundwerte leiten sich her aus unserer biologischen Natur. Werden sie auf Dauer in einer Gesellschaft ignoriert, weil die Politik sich einer ideologischen Sackgasse verschrieben hat, führt das über kurz oder lang zum Zusammenbruch des Systems. Denken wir an den Fall des Eisernen Vorhangs.

1. Bindung: Wider die Narzissmusfalle – für eine menschengerechte Gesellschaft

Die Corona-Krise hat eindrucksvoll vor Augen geführt, dass kein menschliches Bedürfnis so essenziell ist wie das in unserer Hirnbiologie verankerte Streben nach Bindung, also unser Grundbedürfnis nach dem Miteinander mit anderen Menschen. Die Gefahr, die vom Coronavirus ausgeht, ist weniger seine Letalität, als sein enormes Ansteckungspotenzial, das in kurzer Zeit ein Gesundheitssystem aus dem Gleichgewicht werfen kann. Und doch gelang es nicht, die Menschen in Distanz zueinander zu halten, wollten die besonders gefährdeten Senioren oft sogar lieber sterben, als auf die Besuche ihrer Angehörigen zu verzichten. Warum das?

Unser Gehirn zeichnet sich durch ein Bindungssystem aus, das immer aktiv wird, wenn wir angenehme Beziehungen erleben. Sein entscheidender Wirkstoff ist das bereits erwähnte Bindungshormon Oxytocin. Es weckt in uns Verbundenheit, Liebe, wohlige Nähe und Vertrauen. Umgekehrt führen Trennungen zu einem regelrechten Oxytocin-Entzug, bei dem Schmerzzentren im Gehirn aktiviert werden. Bindungsverlust fühlt sich deshalb an wie ein heftiger körperlicher Schmerz. Wer je einen geliebten Menschen verloren hat, wird das bestätigen können.

»Ohne dich bin ich nichts.« Dieses schwärmerische Liebesbekenntnis trägt mehr als nur ein Körnchen Wahrheit in sich. Ja, über emotionale »Ansteckung« beeinflusst ein anderer sogar ganz direkt, wie wir uns fühlen. Steht uns jemand wutentbrannt gegenüber, dauert es oft nur Sekunden, bis uns selbst der Kragen platzt. Der morgendliche Straßenverkehr beweist das hinlänglich.

Verantwortlich dafür sind spezielle Nervenzellen, die sogenannten Spiegelneuronen. Sie bilden im Gehirn ein Resonanzsystem aus, das uns zum mitfühlenden Wesen macht, weil wir mit seiner Hilfe Gefühle und Stimmungen anderer Menschen nachempfinden können. Gähnt unser Gegenüber, fangen auch wir an zu gähnen und fühlen uns plötzlich müde. Unbewusst ahmt unser Gehirn die Handlung nach, die es bei dem anderen erkennt, und versteht sie dadurch. Deshalb reicht allein die Vorstellung vom Gähnen eines anderen aus, um uns selbst zum Gähnen zu bringen.

Genau dieser Mechanismus ist die Ursache für das Ansteckungspotenzial von Gefühlen, die sogenannte Resonanz. Geteilte Gefühle, also Resonanzerlebnisse, sind der entscheidende Kitt für den Aufbau von Bindungen, die ihrerseits Ausgangspunkt für unzählige weitere Resonanzerlebnisse sind. Geteilte Gefühle binden Menschen aneinander. So entsteht Zusammengehörigkeit.

Umgekehrt droht beim Fehlen von Bindungen zunehmende Vereinsamung – das Schicksal vieler isolierter Bewohner in anonymen Hochhaussiedlungen und alleinstehender Menschen im hohen Alter. Hier hat unsere Gesellschaft Entwicklungen den Weg bereitet, die eindeutig unserer Natur entgegenstehen. Depressionen und Anfälligkeit für körperliche Krankheiten sind die Folge, weil Einsamkeit Stress bedeutet, Stress, der aus Langeweile, aus Perspektivlosigkeit und aus Angst entsteht und allein nur schwer abgebaut werden kann, weil der entscheidende Gegenspieler von Stress fehlt, eben das Bindungshormon Oxytocin.

Wie sehr wir Menschen nach Bindungen streben, belegt auch der Erfolg der sozialen Netzwerke. Allerdings können soziale

Medien keine echten Bindungen ersetzen, weil wirksame Resonanz nur in realen Beziehungen funktioniert. Die Freunde, mit denen wir Likes austauschen, sind nicht wirklich für uns da, weil im virtuellen Miteinander das lebendig gespiegelte Gefühl fehlt. Unser Gefühlszentrum registriert das und signalisiert uns über kurz oder lang einen emotionalen Mangel. Mehr noch wird im virtuellen Raum der andere wegen der fehlenden Spiegelung weitgehend zur Projektionsfläche für die eigenen Erwartungshaltungen. Eine emotional fassbare Rückmeldung, ob unsere Sichtweise vom anderen auch wirklich stimmt, bleibt aus. Wer sich fast nur noch mit virtuellen Freunden umgibt, wird durch die kritiklose Selbstbestätigung in der permanenten Projektion ohne korrigierende Rückmeldung unweigerlich immer narzisstischer.

Wir Menschen sind von Natur aus nicht für ein Leben in Einsamkeit gemacht. Ewige Singles sind selten glücklich, erst recht nicht traurig vereinsamende Senioren. Was schon die Alltagsbeobachtung nahelegt, bestätigt sich beim Blick in unsere evolutionäre Vergangenheit. Dort, wo auch heute noch Menschen so leben wie in grauer Vorzeit – im Dschungel Südamerikas, in den Savannen Afrikas oder im Hochland von Papua-Neuguinea –, existieren sie in Horden, also im Zusammenhalt generationenübergreifender Gemeinschaften. Anthropologische Studien zeigen, wie sehr bei diesen Naturvölkern der Einzelne Teil der Gemeinschaft ist und wie seine psychische und soziale Stabilität von der permanenten Abrufbarkeit seiner Gruppe abhängen.

Von solchen unserer Biologie entsprechenden Gegebenheiten haben wir uns in unserer westlichen Gesellschaft meilenweit entfernt. Wir propagieren als Ideal das existenziell auf sich allein gestellte, autonome Individuum. Doch hat diese Idealisierung nichts mit unserer natürlichen psychischen Grundausstattung zu tun. Was als Befreiung des selbstbestimmten Menschen in der Aufklärung ihren – damals in der Enge der gesellschaftlichen und religiösen Bevormundung berechtigten – Anfang nahm, ist längst von

Marketingstrategen übersteigert worden. Im Dauervergleich auf Facebook oder Instagram wird eine narzisstische Gier angefacht, die uns zu pausenlosem Konsum motivieren soll. Das Kalkül geht auf, wenn sich der durch die andauernde Beschäftigung mit sich selbst Vereinsamte aus Frust in den Kauf- oder Fressrausch flüchtet.

Fazit: wir haben in unserer Gesellschaft die Bedeutung unseres sozialen Umfelds für unser Wohlbefinden dem Drang nach Ego-Bestätigung und schnellem Kick geopfert, und die Politik trägt das Ihre dazu bei, indem sie sich von der Wirtschaft an die Leine nehmen lässt.

2. Wirkmächtigkeit/Selbstwirksamkeit: Für mehr Entfaltungsfreiheit

»Yes we can.« Dieser Slogan, mit dem Barack Obama 2008 die US-amerikanische Präsidentenwahl gewann, war zugkräftig, weil er das zweite existenzielle Bedürfnis unserer Psyche auf den Punkt bringt: Wir wollen etwas bewirken, aktiv und eigenständig selbst etwas schaffen. Auch dieses Grundbedürfnis verdanken wir der Arbeitsweise unseres Gehirns, und zwar seinem Motivations- und Belohnungssystem. Dieses neurobiologische System setzt spezielle Botenstoffe frei, die uns dazu antreiben, eigenständig ein Ziel zu erreichen. Wohlgemerkt eigenständig, also aus eigener Kraft.

Dazu zündet es in zwei Stufen. Am Anfang steht zur Motivation der Botenstoff Dopamin, der unsere Neugier und Aufmerksamkeit weckt, uns anstachelt, ein angestrebtes Ziel zu erreichen. Dabei ist es völlig unerheblich, um was für ein Ziel es sich handelt – ein leckeres Stück Kuchen, ein neues Handy, ein Marathonlauf, ein Wahlsieg, Sex, Alkohol, Kokain. Wenig überraschend ist das Dopamin-System auch verantwortlich für die meisten Süchte ist, denn Suchtmittel verschaffen uns künstlich das Gefühl des beflügelnden Kicks auf der Suche nach Erfolg. Erreichen wir ein angestrebtes Ziel, belohnt uns die zweite Stufe, unser Belohnungssystem, mit einem natürlichen Cocktail der besonderen Art. Endorphine und körpereigenes Morphium verschaffen uns ein Hochgefühl und wohlige verdiente Entspannung.

Die Macht des Dopamins, die Motivation, ja der regelrechte Drang, eigenständig etwas zu bewirken, ist in unserem Gehirn früher und stärker angelegt als unser Streben nach Genuss. Das haben Versuche an Säuglingen bewiesen, die schon ganz früh damit beginnen, selbst etwas schaffen zu wollen. Gleich zweifach wurde diese psychische Kraft in der Psychologie entdeckt und deshalb mit zwei verschiedenen Namen versehen, die allerdings beide dasselbe bedeuten. Der Begriff »Wirkmächtigkeit« stammt von dem britischen Psychoanalytiker Donald Winnicott aus den Vierzigerjahren, der Ausdruck »Selbstwirksamkeit« hingegen geht auf den kanadischen Psychologen Albert Bandura in den Siebzigern zurück.

Lebenspraktisch hat Wirkmächtigkeit/Selbstwirksamkeit zur Folge, dass es eben beglückender und berauschender ist, eine Goldmedaille zu gewinnen, als sie einfach geschenkt zu bekommen. Eine Konsequenz für die politische Praxis daraus liegt auf der Hand: Den eigenen Lebensunterhalt selbst zu bestreiten ist aus Sicht des hirneigenen Belohnungssystems erfüllender als eine staatliche Grundsicherung ohne jede Gegenleistung.

Auf welcher Spielwiese jeder von uns sein Streben nach Erfolg austobt, entscheiden unsere Vorbilder, unser kulturelles Umfeld und oft auch der Zufall. Ob wir Hochhäuser bauen, Höchstleistungen im Sport erbringen, etwas erfinden, Kunst erschaffen, Länder oder Menschenherzen erobern oder eine bis dahin unbekannte Pflanzenart entdecken – die Liste ist so endlos wie unser kreatives Potenzial. Wobei es bei allem Streben eine entscheidende Gemeinsamkeit gibt: Uns ist lieber, wir scheitern, als dass wir es gar nicht erst versuchen.

Das kapitalistische Wirtschaftssystem, auf dem wir unsere soziale Marktwirtschaft aufgebaut haben, ist ganz auf unser schnelles Motivationssystem abgestimmt, reitet auf der Welle des Dopamins von mehr zu immer noch mehr. Damit verlangt es pausenlos nach dem nächsten Kick. Einmal angefacht, kann es sich in permanenter Selbstverstärkung zu einem grenzenlosen Streben nach Mehr steigern. Jeder Einkauf befriedigt nur kurz, schon bald verlangt das Motivationssystem nach dem nächsten Shoppingevent. Auch jeder Wachstumsrekord ist nur von kurzer Dauer, will von der nächsten Umsatzsteigerung überflügelt werden. Die beschleunigte Informationsverbreitung unserer Tage heizt diesen permanenten Wettlauf zusätzlich an. Wer zuerst auf die neueste Nachricht reagiert, verschafft sich den entscheidenden Vorteil. Trachteten früher Kaiser und Könige danach, ihre Reiche immer weiter auszudehnen, sind es heute die Lenker weltumspannender Konzerne, die ihre Wirkmächtigkeit im Streben nach Mehr entfalten und darin nicht selten unreflektiert zu Süchtigen werden. Es gibt keine Grenze: »The sky is the limit.« Erst unlängst durchbrach der Google-Mutterkonzern Alphabet eine weitere Schallmauer, er wurde im Januar 2020 erstmals an der Börse mit mehr als einer Billion US-Dollar bewertet.

Damit nicht alles dem Ziel der Profitmaximierung untergeordnet wird und gesellschaftliche Werte wie Menschenwürde oder Umwelt bedroht werden, sind äußere Rahmenbedingungen notwendig, Gesetze, die von der Politik definiert und vom Staat durchgesetzt werden müssen. Das Modell der sozialen und zunehmend auch sozial-ökologischen Marktwirtschaft orientiert sich daran, wenngleich sich die Frage stellt, wie weit der Staat noch frei ist in seinen wirtschaftlichen Entscheidungen, ob er nicht längst erpressbar geworden ist.

Und doch werden Verbote und Beschränkungen allein kaum das rein wirtschaftlich motivierte Streben nach einem Mehr begrenzen können. Vielmehr müssten in der Gesellschaft Werte für das hirneigene Belohnungssystem reizvoll werden, bei denen es nicht oder nicht nur um das Anhäufen von Geld geht. Es stellt sich also die Frage: Wie kann die Dynamik des Motivationssystems zu Leistungen angefacht werden, die der Allgemeinheit zugutekommen? Was für Leistungen könnten das sein, und wie ließe sich ein Erfolg hier messen und honorieren? Hier ist eine Wertediskussion gefordert.

Während die Wirtschaft das Befeuern des Motivationssystems als Antriebsmotor nutzt, um die Leistungsbereitschaft der Menschen anzufachen, suchen die Bürger eine solche Motivation in der Politik vergeblich. Lediglich die Politiker laufen heiß, wenn ihnen ein Wahlerfolg winkt, doch die Bürger werden zum Zuschauer dieses Schaulaufs degradiert. Einmal an der Macht, tun sich Politiker oft schwer damit, ihren gewonnenen Einfluss und ihre Privilegien wieder ziehen zu lassen. Zugleich ist augenscheinlich einer Mehrzahl von ihnen nicht wohl bei der Vorstellung, ihre Macht mit den Bürgern teilen zu müssen. Die Forderung, dass die Bürger direkt in die Entscheidungsprozesse der Politik eingebunden sein könnten, weil ihr Streben nach aktivem Bewirken genau das wünscht, wird als Provokation empfunden. Reflexartig wird die Angst vor populistischen Agitatoren beschworen, denen die Menschen scharenweise zulaufen würden, wenn man sie ließe. Und so sehen sich die Bürger entmündigt und reagieren darauf mit Unverständnis und Wut.

Als Legitimation für die Angst vor einem direkten Einbinden von Bürgern in den politischen Entscheidungsprozess wird die Weimarer Republik beschworen. Doch ist der logische Schluss, dass bürgerliche Mitbestimmung oder Selbstverwaltung in einen enthemmten Populismus münden müsse, unhaltbar. Denn nicht die Mitsprache des Volkes war der Grund für den Aufstieg der Nationalsozialisten, sondern die damalige Anfälligkeit der Bevölkerung für Massenphänomene, wie ich noch im Detail darlegen werde. Aktuell macht die partielle Entmündigung, die zum Schutz des Systems gedacht ist, die Bürger wütend und verkehrt dadurch die Absicht hinter der Entmündigung ins Gegenteil, denn Wut ist der entscheidende Nährboden für Massenphänomene. Umgekehrt würde eine aktive Teilhabe der Bürger ihr Streben nach Wirkmächtigkeit anerkennen und dadurch einen systemimmanenten Schutz vor Radikalisierung bieten.

Anstatt also die Bürger aus Angst vor Radikalisierung weitgehend jeder direkten Mitsprache zu berauben, wäre es stabilitätsfördernder für unsere Gesellschaft, die Bürger in die Verantwortung zu nehmen, sie einzubinden in Entscheidungsprozesse und ihnen so die Chance zu geben, sich einschließlich der damit verbundenen Rechte und Pflichten als aktive Teilhaber des Gemeinwesens zu erleben. Hierdurch würde der Frustration vieler Bürger, die für das Erstarken radikaler Gruppierungen verantwortlich ist, wirksam begegnet. Scheuen die Politiker diesen Weg, wird der Unmut der Bürger weiterwachsen. Doch sind die Bürger auch zu mehr direkter Mitbestimmung bereit?

Auf den ersten Blick sieht es so aus, als sei Wohlstand der entscheidende Faktor dafür, ob Bürgern direkte demokratische Entscheidungen gefahrlos anvertraut werden können. Schließlich ist das direktdemokratische Musterland Schweiz ein Hort des Wohlstands. Doch wie vergleichende politische Analysen belegen, ist es nicht der Wohlstand an sich, sondern das mit ihm einhergehende Bildungsniveau, das zu politischer Mündigkeit führt, also bei Bürgern das Bewusstsein schafft für die eigene Verantwortung. Für die Weiterentwicklung unserer Demokratie gilt damit, was der spätere Premierminister Tony Blair im britischen Wahlkampf 1997 als entscheidende Ziele für eine zukunftsweisende Politik formulierte: »Fragen Sie mich nach den drei Prioritäten für jede Regierung, dann nenne ich sie Ihnen: Bildung, Bildung und Bildung.« Viele Politiker und auch Manager haben sich seither seiner Einschätzung angeschlossen.

Den Worten Tony Blairs folgend, wird sich an den Inhalten und an der Breitenwirksamkeit von Bildung entscheiden, ob es uns gelingen wird, unsere Demokratie in eine langfristig stabile, bürgergerechte Gesellschaftsform weiterzuentwickeln. Mehr noch wird es vom breiten Bildungsniveau der gesamten Weltbevölkerung abhängen, ob die Menschheit die notwendigen Schritte für die Zukunftsplanung und damit womöglich für die Rettung unseres Planeten setzt. Die jahrzehntelange Entwicklungshilfe des Westens hat gezeigt, wie jede finanzielle Zuwendung verpufft, wenn sie nicht Bildung und damit letztlich evolutionäre Weiterentwicklung der Bevölkerung zum Inhalt hat. Weiterentwicklung bedeutet aus neurobiologischer Sicht, die Hirnreifung der Menschen so weit zu fördern, dass sie zu eigenverantwortlichen Erwachsenen werden, die in der Lage sind, zukunftsrelevante Entscheidungen verantwortungsvoll zu treffen oder zumindest mitzutragen.

Nicht nur bei uns, sondern global sollten wir deshalb Wege finden, um statt der Wohlstandsvermehrung die Wissensvermehrung zum Ziel unserer Wirkmächtigkeit werden zu lassen. Hier geht es nicht um die nächste Bildungsreform, sondern um eine grundlegende Neuausrichtung, die der Bildung den Wert beimisst, den sie für unser Überleben hat, mit dem Ziel, in absehbarer Zukunft das Schicksal der Menschheit in den Händen verantwortungsvoller psychisch Erwachsener zu wissen, die als mündige Bürger zum wahren Souverän der Politik werden. Andernfalls werden selbstverliebte Politiker, wachstumsgetriebene Wirtschaftsbosse oder Computer-Nerds bestimmen, was in naher Zukunft aus uns wird.

Probleme wie Bevölkerungsexplosion, Bekämpfung von Korruption oder Umweltkatastrophen können nur gelöst werden, wenn die Bevölkerung aktiv an den Lösungsansätzen beteiligt ist. Das wiederum kann nur gelingen, wenn sie versteht, was für Maßnahmen warum ergriffen werden und was sie in eigener Verantwortung beitragen kann. Voraussetzung für eine solche Eigenverantwortung ist allerdings, dass das Bildungssystem die Menschen dazu erzieht und dass das politische System sie den Bürgern zugesteht.

In der Corona-Krise wurden eklatante Unterschiede im Umgang der einzelnen Länder mit der plötzlichen Ausnahmesituation deutlich. In den meisten Staaten kam es zu drastischen Einschränkungen der Bürgerrechte, weil die Regierungen davon ausgingen, dass eine eigenverantwortliche Rücksichtnahme auf Gefährdete und ein gesunder Hang zum Selbstschutz bereits die Mehrzahl der Bürger überfordern würde. Corona-Partys und Corona-Mutproben einiger nach Selbstinszenierung gierender Trotzköpfe schienen ihnen recht zu geben, wobei sich die Frage stellt, ob die nicht zumindest zum Teil als Protest auch Folge der obrigkeitsstaatlichen Anordnungen waren.

Schweden wählte einen anderen Weg. Ministerpräsident Stefan Löfven erklärte seinen Landsleuten: »Wir alle müssen als Individuen unsere Verantwortung übernehmen«, und fügte hinzu: »Wir können nicht alles gesetzlich regeln und verbieten.« Er mutete seinen Bürgern zu, selbstverantwortlich zu handeln. Und er billigte es ihnen auch zu. Schweden wurde dafür international an den Pranger gestellt. Die frühen Todesfallzahlen in Schweden waren hoch und schienen diese Kritik zu bestätigen, doch waren sie bei genauerem Hinsehen der Tatsache geschuldet, dass Altenheime nicht ausreichend geschützt worden waren. Drei Viertel der Corona-Toten waren Altenheimbewohner. Diesen Anfangsfehler herausgerechnet, stand Schweden im Verlauf der Pandemie nicht schlechter da als viele andere Länder, jedoch ohne dass dort die Bürgerrechte massiv beschnitten worden waren. Das änderte sich auch nicht, als im Verlauf der zweiten Welle als Reaktion auf die anfänglichen Fehler strengere Regeln zum Schutz der besonders gefährdeten Gruppen wie Senioren und medizinisches Personal erlassen wurden.

Wie sehr das Gefühl, selbst etwas bewirken zu können, Lebensqualität und Lebenserwartung prägt, belegen die wissenschaftlichen Untersuchungen des britischen Epidemiologen Michael Marmot. Seine zentrale Erkenntnis lautet: In Ländern mit einem Durchschnittseinkommen von jährlich über 10 000 Euro wird die Lebenserwartung vor allem vom Ausmaß des sozialen Eingebundenseins und vom Grad der Selbstbestimmtheit beeinflusst. Zugleich arbeitete er heraus, warum Armut die Lebenserwartung verkürzt. Trotz geringeren Durchschnittskonsums an Alkohol leiden Ärmere häufiger an alkoholbedingten Krankheiten. Der Grund dafür ist ihr impulsiveres Trinkverhalten. Marmots Fazit: Armut macht krank, weil Arme eine geringere Impulssteuerung und dadurch einen geringeren Entscheidungsspielraum in ihrem Leben besitzen, was latent ihr Stressniveau steigert, wodurch ihre Krankheitsanfälligkeit zunimmt. Psychische Reife sorgt demnach für ein gesünderes und längeres Leben.

3. Stressbegrenzung durch Sicherheit und Gerechtigkeit

Übermäßiger Stress macht krank. Er ist in unserer Gesellschaft zu einer zentralen Gefahr für unsere Gesundheit und damit zum entscheidenden Kostenfaktor in unserem Gesundheitssystem geworden. Die Mehrheit aller Erkrankungen – rund 80 Prozent – geht wesentlich auf ein Übermaß an Stress und damit auf unseren Lebensstil zurück. Sie wären somit vermeidbar.

Damit nicht genug, hat Dauerstress auch massive Auswirkungen auf das gesellschaftliche Klima. Das Aggressivitätsniveau steigt im Stress, wie jeder aus eigener Erfahrung weiß. Zugleich führt Stress in die psychische Regression. Wenn uns alles zu viel wird, dann streben wir nach Vereinfachung und wollen am liebsten die Verantwortung abgeben.

Heutzutage sind wir mit einer Paradoxie konfrontiert: Trotz wirtschaftlichen Wohlstands nimmt die Anfälligkeit für Stress in der Gesellschaft deutlich zu. Verantwortlich dafür ist neben dem vermehrten Leistungsdruck vor allem die allgegenwärtig verfügbare Information. Weil die Medien dem Druck des Marktes ausgesetzt sind, setzen sie alles daran, unsere Aufmerksamkeit zu gewinnen. In den USA, wo allen voran die Sender CNN und Fox News um die Gunst der Fernsehzuschauer buhlen, werden im Sekundentakt Meldungen zu Ereignissen umfunktioniert, bei denen der emotionale Gehalt und die persönliche Geschichte das Geschehen prägen und zum Hingucken verleiten. Es zählt nicht die wirkliche

Relevanz, sondern nur der reißerische Effekt. Der Busunfall in Venezuela ist tragisch, aber er hat keine Konsequenzen für das Leben in anderen Teilen der Welt und damit auch nicht für uns.

Katastrophen eignen sich besonders dazu, Beachtung zu finden, weil unser Gehirn unwillkürlich auf Bedrohungsreize anspringt. Schließlich hat sich die Strategie, bei Gefahr wachsam zu sein, in der Evolution bewährt. Permanent alarmieren uns die Medien über alltägliche Unglücksfälle und Gewalt, über Kriege und Terror, über das Coronavirus. Als Nebenwirkungen eines solchen Nachrichtenkonsums entstehen Dauerstress oder Abstumpfung. Vor allem die Berichterstattung zur Corona-Krise war darauf ausgelegt, immer neue Dramen, Bedrohungsszenarien und persönliche Schicksale zu liefern, um uns in Angst zu versetzen, die bei vielen zum Motor für einen intensivierten Medienkonsum wurde und den Online-Zeitungen Zuwachsraten bescherten.

In der Pandemie mussten die Politiker fraglos schwere Entscheidungen treffen. Angesichts der von der Berichterstattung angeheizten Panik schien es besser, Aktionismus an den Tag zu legen, als kalkuliert die Konsequenzen abzuwägen. Und so waren die politischen Maßnahmen nicht immer durchdacht oder vorbereitet, sondern entsprangen der getriebenen Reaktion auf die von den Medien angefachte Stimmung. Flugs sprangen Ideologen auf den Zug auf und versuchten, die Krise für sich zu instrumentalisieren, forderten Enteignungen und Umverteilung auf der einen oder autoritäre Strukturen auf der anderen Seite des politischen Spektrums.

Sachlichkeit in der Berichterstattung war kaum noch zu finden. Dabei gibt es öffentlich-rechtliche Sender, die als wichtiges Korrektiv in einer Demokratie der neutralen und rationalen Nachrichtenberichterstattung eine sichere Stellung im Informationswettbewerb garantieren sollen. Doch die Corona-Krise zeigte einmal mehr, wie die öffentlich-rechtlichen Sender längst dem Wettbewerb um Aufmerksamkeit unterworfen sind und welchen Einfluss das auf Inhalt und Präsentation ihrer Sendungen hat. Auch sie sind, von seltenen Ausnahmen abgesehen, längst gefangen im Wettlauf um das intensivste Gefühl.

Der Medienkonsument erfährt angesichts dieser Entwicklung immer schneller und in immer kürzeren Abständen von immer mehr Katastrophen. Außer er entscheidet sich bewusst dazu, seinen Medienkonsum zu begrenzen. Politikern ist ein Medienverzicht nicht möglich, weil sie wissen müssen, woher der Wind weht. Ihnen bleibt einzig, ein dickes Fell zu entwickeln und sich mit guten Beratern zu umgeben, die ihnen trotz der Informationsflut rationale Grundlagen für ein angemessenes Handeln vermitteln.

Der Umgang mit der Angst in den Medien zeigt eindrücklich, wie stark Sicherheit ein essenzielles menschliches Bedürfnis ist. Und so besteht eine zentrale Aufgabe des Staates darin, für die Sicherheit seiner Bürger zu sorgen, im Inneren wie im Äußeren. Fehlende Sicherheit ist neben Ungerechtigkeit die entscheidende Ursache für übermäßigen Stress in einer Gesellschaft. Denn dort, wo die Sicherheit bedroht ist, entsteht Angst.

Für Angst ist unser Gehirn besonders anfällig, weil es eben für unser Überleben hilfreich war und ist, drohende Gefahren rechtzeitig zu erkennen. Abhängig von unseren früheren Erfahrungen ist die Angstneigung allerdings individuell verschieden, hat etwa, wer einmal von einem Hund gebissen wurde, mehr Angst vor Hunden als andere.

Wir haben gesehen, wie Gefühle aufgrund der Resonanz der Spiegelneuronen ansteckend sind. Das gilt für das Zusammensein mit einem anderen Menschen genauso wie für das Zusammensein von Menschen in Gruppen. Für eine Gesellschaft kann es zum Problem werden, wenn bestimmte Gruppen besonders anfällig sind für Ängste, weil durch die Resonanz die Ängste leicht auf andere übergreifen können. Extrembeispiel dafür sind Massenpaniken, bei denen sich die Angst wie ein Lauffeuer verbreitet. Selbst Ängste, für die es gar keinen realen Grund gibt, können aufgrund der Resonanz ansteckend sein und eine Gesellschaft regelrecht infizieren. Unterminieren beispielsweise rechtsfreie Zonen in Großstädten das Grundsicherheitsgefühl, wirken die daraus erwachsenden Ängste über die eigentlichen Problemzonen hinaus. Sie bieten Anlass für angstbesetzte Fantasien, vor allem wenn die Ängste in manipulativer Absicht von Medien oder von populistischen Bewegungen angeheizt werden. So erklärt sich, warum die Angst vor Asylsuchenden am stärksten dort ist, wo die wenigsten von ihnen untergekommen sind.

Das stärkste Mittel gegen Stress und Angst ist auch auf gesellschaftlicher Ebene das Bindungshormon Oxytocin. Das bedeutet: Gegen irrationale Ängste helfen neben dem Vertrauen in die Entscheidungsträger vor allem direkte Bindungen, gelebte Gemeinschaft mit Zusammengehörigkeit und Identität. Wir fühlen uns sicher, wenn wir uns einer Gemeinschaft zugehörig fühlen, in der wir uns auskennen. Zwar können heftige Gefühle selbst in einer anonymen Masse temporär eine gemeinsame Identität stiften, weil die Gefühle aller miteinander in Resonanz treten, doch ist eine solche Zugehörigkeit flüchtig. Damit ein Zusammenhalt dauerhaft hält, bedarf es identitätsstiftender Beziehungen in überschaubaren Einheiten, die durch gemeinsam geteilte Werte und Ziele Verbundenheit schaffen.

In unserer parlamentarischen Demokratie sind es die Parteien, die dem interessierten Bürger eine Plattform für seine politische Identität bieten, doch ist die Bindung an sie in unserer von permanenter Medienpräsenz geprägten Gesellschaft zunehmend instabil. Einerseits ist dafür die Auflösung starrer Gesellschaftsschichten verantwortlich – eine begrüßenswerte Entwicklung –, andererseits verlieren die Parteien im alltäglichen Aktionismus ihre klare Identität, wirken sie in der politischen Praxis vielfach austauschbar. Die Politiker richten sich nach den aktuellen Umfragewerten, langfristige Perspektiven gehen verlustig, die Inszenierung überlagert die Inhalte. Entscheidende Zukunftsfragen bleiben unbeantwortet, und die Bürger verlieren das Vertrauen in die politischen Entscheidungsträger.

Auch diese Entwicklung ist keineswegs auf Deutschland und Österreich beschränkt. So gaben im Jahr 2019 in den USA nur noch 17 Prozent der Bevölkerung an, ihren Politikern in Washington zu vertrauen. Das ist für eine repräsentative Demokratie, in der die Bürger die politische Entscheidungshoheit in weiten Teilen an ihre Politiker delegieren, ein ernstes Problem, weil durch das fehlende Vertrauen ein stabiles Potenzial an Frustration und Angst in der Bevölkerung besteht. Die feindselig geladene Stimmung im jüngsten US-Präsidenten-Wahlkampf zwischen Donald Trump und Joe Biden hat das deutlich gezeigt.

Wo die Politik das Bedürfnis nach Identität und Bindung nicht mehr befriedigt, steigt die Angstanfälligkeit der Bürger, erst recht, wenn die Politiker ohne klare Perspektive handeln. Die Flüchtlingskrise, die Klimakatastrophe, die Angst vor Armut und sozialem Abstieg im Alter und natürlich die Corona-Krise, überall wirken die Politiker wie Getriebene, die die Probleme nicht an der Wurzel packen. Zwar gibt es auf viele Fragen keine einfachen Antworten, doch dann sollte das den Bürgern offen gesagt werden. Gemeinsam den Weg ins Ungewisse zu wagen kommt bei ihnen besser an als unwahre Beschwichtigungen. Und dabei ist es den Bürgern egal, ob die Wahrheit bewusst geschönt wird und sie sich belogen fühlen, oder ob die Beschwichtigenden selbst nicht wissen, was sie tun. Beides unterminiert das Vertrauen der Bürger in die Kompetenz der Regierenden und schürt die Angst.

Die Corona-Krise hat die Dynamik von Angst deutlich vor Augen geführt. Als sie, angeheizt durch die Berichterstattung in den Medien, um sich griff, war der erste Reflex der Bevölkerung, sich mehrheitlich hinter die Vorgehensweise der eigenen Staatsführung zu stellen. Das ist völlig normal, denn in der Angst werden wir regressiv, vertrauen wir den Mächtigen, suchen wir eben wie Kinder nach Sicherheit durch Bindung.

In geradezu absurder Karikatur offenbarte sich die Macht der Bindung in der Angst beim sogenannten Stockholm-Syndrom. Als 1973 die Geiselnahme in einer Filiale der Svenska Kreditbanken im Herzen Stockholms unblutig beendet werden konnte, baten im anschließenden Prozess die Geiseln allen Ernstes um Gnade für den Räuber, der sie zuvor fünf Tage lang gewaltsam festgehalten hatte. Später, nach der Verurteilung des Geiselnehmers, besuchten seine Opfer ihn sogar im Gefängnis. In der Gefahr waren die Geiseln so sehr in die Regression gedrängt worden, dass sie eine echte Zuneigung zu dem Menschen entwickelten, der ihnen damit drohte, sie umzubringen. Weil der Bankräuber eine Waffe in der Hand hielt, war er mächtig – also bekam er unbewusst die Rolle einer elterlichen Autorität zugeschrieben. Intuitiv vertrauten ihm seine Opfer, fühlten sie sich ihm verbunden. Der Verstand kann noch so sehr rebellieren, in Gefahr drängt uns das Gefühl in die Bindung hinein.

Und so stiegen zu Beginn der Corona-Krise die Beliebtheitswerte der Regierenden in der um sich greifenden Angst sprunghaft an, selbst bei denjenigen, deren Umfragewerte zuvor im Keller gewesen waren. Und das war keineswegs nur dort der Fall, wo die Haltung der führenden Politiker konsequent erschien, wie in Deutschland, Österreich oder in Schweden, sondern selbst dort, wo die politischen Entscheidungsprozesse anfänglich chaotisch verliefen, etwa in Großbritannien oder in den USA. Die Beliebtheit des englischen Premierministers Boris Johnson stieg auf stolze 72 Prozent an, kurz bevor er selbst zur Behandlung seiner Corona-Erkrankung ins Krankenhaus eingeliefert werden musste.

Die Krise und erst recht ihre Folgen sind noch nicht überstanden. Ob die Zustimmung der Bevölkerung für ihre Krisenpolitiker rückblickend bestehen bleiben wird, darf bezweifelt werden und wird sich erst nach dem Ende der Krise weisen. Denn wenn die Angst längst Geschichte ist, werden die wirtschaftlichen Folgen der Krise noch zu spüren sein und eine Diskussion über die gerechte Verteilung der Kosten beginnen, die heftig zu werden verspricht.

Der zweite entscheidende Stressfaktor für eine Gesellschaft wird in den Vordergrund rücken: das Thema Gerechtigkeit. Unweigerlich reagieren wir auf Ungerechtigkeit mit Ärger, und der führt wie die Angst zu Stress. Verständlicherweise nimmt das Thema Gerechtigkeit im politischen Diskurs einen zentralen Platz ein und ist die politische Praxis bestrebt, Gerechtigkeit in der Gesellschaft zu fördern. Weil es jedoch angesichts unterschiedlichster Ansprüche keine absolute Gerechtigkeit geben kann, ist das Thema zugleich eine beliebte Spielwiese für politische Agitation.

Gerechtigkeit ist ein natürliches Bedürfnis, das wir mit vielen höheren Tieren teilen. Wir können also gar nicht anders, als Ungerechtigkeit unangenehm zu finden. Wir sind sogar bereit, uns für die Gerechtigkeit anderer einzusetzen, selbst wenn wir dafür eigene Nachteile in Kauf nehmen müssen. Das gilt nicht nur für heroische Gerechtigkeitskämpfer, sondern für fast jeden von uns, wie wirtschaftspsychologische Tests, etwa die Spielversuche des österreichischen Wirtschaftsnobelpreisträgers Ernst Fehr, eindrucksvoll bewiesen haben. Wer sich in seinen Spielen auf Kosten der Gruppe egoistisch verhielt, wurde regelmäßig von kooperativen Mitgliedern bestraft, die der Fairness innerhalb der Gruppe zuliebe bereit waren, dafür eigene Nachteile in Kauf zu nehmen.

Das schon angedeutete Grundproblem der Gerechtigkeit besteht darin, dass das Empfinden darüber, was gerecht ist und was nicht, individuell verschieden ist, weil es vom kulturellen Umfeld und von den Vorerfahrungen des Einzelnen geprägt wird. Das erschwert gesellschaftliche Gerechtigkeitsentscheidungen, besonders dann, wenn Gruppen das Gefühl haben, immer zu kurz zu kommen und dafür einen Ausgleich zu verdienen. Vor allem wer sich selbst als Opfer sieht, ist nur selten zufriedenzustellen.

Zusätzlich erschwert ein grundlegendes Missverständnis die Gerechtigkeitsdiskussionen. Wird eine leistungsunabhängige Gleichbehandlung aller gefordert, sieht das auf den ersten Blick zwar gerecht aus, doch in Wahrheit verletzt es das Gerechtigkeitsempfinden, weil Leistung und Gegenleistung nicht in einem gerechten Verhältnis zueinander stehen. Wer sich mehr einsetzt und mehr leistet, dem steht aus Sicht des Gerechtigkeitsempfindens auch mehr Belohnung zu. Eine Gleichbehandlung, die das ignoriert, wird als ungerecht empfunden, selbst wenn der Fleißige in der Lage ist, seinen Ärger hinunterzuschlucken, während der Faule insgeheim frohlockt. Weil Gerechtigkeit ein natürliches Grundbedürfnis ist, das zur Regelung des sozialen Miteinanders dient, ist nachvollziehbare Gerechtigkeit kein Luxus, sondern ein zentrales Anliegen von Politik. Vor diesem Hintergrund sind gesellschaftliche Entwicklungen problematisch, die als ungerecht wahrgenommen werden. Denn sie führen zu aufgestautem Unmut, der über kurz oder lang von Populisten instrumentalisiert wird.

Gerade wenn es um das liebe Geld geht, ist die Liste der Ungerechtigkeiten in unserer Gesellschaft lang. Da sind die Unternehmen, die trotz sprudelnder Gewinne steuerfrei wirtschaften. Da ermöglichen Steueroasen und Abschreibungsposten Reichen, die Steuer legal zu umgehen. Da wird in der Politik ein Grundeinkommen für alle diskutiert, und der steuerzahlende Bürger fragt sich, wer dafür aufkommen wird. Selbst wenn es wirtschaftlich und sozial gute Gründe für solche Überlegungen gibt, ist dem Gerechtigkeitsempfinden damit nicht Genüge getan.

Durch die Corona-Krise ist die Wut über solche Ungerechtigkeiten zeitweilig in den Hintergrund gedrängt worden. In dem Gefühl, dass alle zusammenhalten müssen und jeder einen Beitrag zur Überwindung der Krise leisten muss, regierte einen Augenblick lang das Füllhorn der Großzügigkeit. Doch kaum flossen die Gelder des Staats, waren die ersten Firmen bemüht, sie nicht zur Rettung, sondern zum eigenen Vorteil zu nutzen. Das Gerechtigkeitsempfinden der Bürger reagierte darauf empfindlich, weil sich der Eindruck bestätigte, dass Politik und Wirtschaft zu eng verflochten sind, dass sich eine Gesellschaftsschicht herausgebildet hat, die sich auf Kosten der Allgemeinheit bestens finanziell versorgt.

Die Vereinigten Staaten scheinen uns in dieser Entwicklung einen Schritt voraus zu sein. Sie begannen 1776 als Gesellschaft freier, selbstbestimmter Bürger. Nach fast 250 Jahren Geschichte, in denen die USA zur Weltmacht aufgestiegen sind, wirkt das Land heute wie eine Wirtschaftsoligarchie, in der Parteien und Kandidaten am Tropf von Sponsoren aus der Wirtschaft hängen, die mit ihrem Geld bestimmen, wie das Land regiert wird. Politiker, allen voran die Präsidenten, werden mit ihrer Wahl zu einem Teil dieser Elite, sofern sie nicht schon vorher dazugehörten.

Besonders problematisch wird es dort, wo Politiker sich als abgehobene Kaste im Glanz der Wirtschaft sonnen und korrumpierbar erscheinen oder es auch offen sind. Wie es dadurch zu einer Spaltung der Gesellschaft mit zunehmender Radikalisierung kommt, zeigt beispielhaft Italien. Dort begann der Staatsanwalt Antonio Di Pietro Anfang der Neunzigerjahre damit, die Verfilzung von Politik und Wirtschaft offenzulegen. Vor allem der frühere sozialistische Ministerpräsident Bettino Craxi wurde zum Symbol für die weitverbreitete Korruption. Mit seinem opulenten Lebensstil ignorierte er die finanziellen Probleme seiner Partei und seines Landes, was zum ironischen geflügelten Wort führte: »Das Kloster ist arm, aber die Mönche sind reich«. Craxi besetzte Posten in den staatlichen Industriekonglomeraten mit Freunden, er selbst umgab sich mit einer Entourage, die im Volksmund abfällig als »Hof von Zwergen und Tänzern« karikiert wurde. Weil Craxi kein Einzelfall war und auch seine Nachfolger, darunter Silvio Berlusconi, durch Wirtschaftsnähe und lockeren Lebenswandel von sich reden machten, beherrschen heute Frustration und Zorn die politische Landschaft Italiens. Die traditionellen politischen Parteien wurden hinweggefegt, die politischen Ränder mit Anarchisten und Nationalisten bestimmen das Bild. Die Bürger Italiens können ihrem Unmut nur durch die Abwahl der Herrschenden Luft machen. Und so regiert der Protest. Unweigerlich stellt sich da die Frage, ob solche Entwicklungen nicht hätten verhindert werden können, wenn die Bürger direkt in Entscheidungen eingebunden gewesen wären, anstatt alle Macht den Politikern zu überlassen.

Ist ein politisches System noch zeitgemäß, das seinen Bürgern sämtliche Entscheidungen abnimmt? Die – abgesehen von ihrem gelegentlichen Wahlrecht – unmündigen Bürger werden dabei zur Kasse gebeten oder zu Almosenempfängern eines möglichst allversorgenden Wohlfahrtsstaats, im schlimmsten Fall zu Befehlsempfängern einer kontrollierenden Obrigkeit. Unweigerlich entsteht eine künstliche Rollenverteilung zwischen Eltern (dem Staat) und Kindern (den Bürgern). Anstatt politisch erwachsen zu werden, gewöhnen sich die Bürger an ihre Rolle und mutieren zu Schoßhunden des Systems. Allerdings regt sich dadurch schon ohne Auswüchse wie in Italien die Unzufriedenheit. Denn wer Empfänger ist, wird zur Passivität gezwungen und sieht sich deshalb in seiner Wirkmächtigkeit beschränkt. Und wer Nettozahler ist, empfindet seine Rolle als unfreiwillige Melkkuh als ungerecht, fühlt sich in seinem Streben nach Stimmigkeit verletzt.

4. Stimmigkeit: Wir wollen wissen, woran wir sind

Sich auszukennen, die Regeln zu verstehen, die in der Welt gelten, ist für das Überleben entscheidend, weshalb auch das Streben nach Stimmigkeit tief in unserem Gehirn verankert ist. Andauernd suchen wir nach Erklärungen, mit der Folge, dass wir nicht selten sogar dort Zusammenhänge sehen, wo gar keine sind. Und schon hat Bill Gates das Coronavirus erfunden und sind die Ausländer der Grund für die nächste Wirtschaftskrise.

Wie wir noch im Detail sehen werden, greift unser Gehirn, um sich ein Bild von der Welt im Hier und Jetzt zu machen, auf Schablonen zurück, die es aus früheren Erfahrungen im Leben gesammelt hat. Stimmt die Schablone der Erwartungshaltung mit der äußeren Realität überein, kennen wir uns aus. Der Verstand signalisiert, dass er die Erklärung für den gefühlten Zustand gefunden hat. Im Gehirn stellt sich eine ausgeglichene Erregung ein, und es verwöhnt sich selbst mit einem hirneigenen Belohnungscocktail: Heureka!

Also fühlen sich Verschwörungstheorien für den, der an sie glaubt, gut an, weil sie sein Bedürfnis nach Stimmigkeit bedienen. Besonders zur Erklärung von Gefühlen, die eigentlich ganz andere Ursachen haben, sind Verschwörungstheorien genau das Richtige. Wer frustriert darüber ist, dass er keinen beruflichen Erfolg hat, den entlastet die vermeintliche Erkenntnis, dass daran das System, die bösen Kapitalisten oder auch gleich wieder die Ausländer schuld sind.

Die vernetzte Welt erlaubt zudem, Verschwörungstheorien mit Gleichgesinnten zu kultivieren und sich durch sie bestätigt zu sehen. Nichts intensiviert Stimmigkeit stärker, als wenn sie mit anderen geteilt wird. Der ausgeglichene Erregungszustand von Gefühl und Verstand wird durch die Resonanz mit anderen vertieft, zu denen sich eine verständnisvolle Bindung einstellt.

Das gemeinsame Gefühl, sich auszukennen, bindet Gleichgesinnte aneinander: Freunde, Parteifreunde und Genossen. Genau darin liegt die Kraft von Ritualen: alle Beteiligten kennen sich aus und sind darin einander verbunden. Was Familienfeiern im Privaten oder Gottesdienste in der Religion sind, sind im politischen Jahresverlauf der Tag der Arbeit, das Dreikönigstreffen oder der Politische Aschermittwoch.

Stimmigkeit entscheidet über Erfolg oder Misserfolg von Politikern. Erfolgreiche Politiker sind in der Lage, Stimmigkeit herzustellen. Was sie sagen, wird verstanden. Vor allem wenn es ihnen gelingt, das Publikum in seinem Gefühl anzusprechen, stellt sich zwischen ihnen und ihren Zuhörern Resonanz ein. Eine entscheidende Voraussetzung dafür ist, dass es Politikern gelingt, ihre Persönlichkeit stimmig erscheinen zu lassen. Genau das dürfte der entscheidende Grund für den Wahlsieg Donald Trumps 2016 in den USA gewesen sein. Sein Auftreten war stimmig. Sämtliche Anschuldigungen prallten an ihm ab, denn selbst wenn sie wahr waren, passten sie zu seiner Persönlichkeit. Er hatte so oft irreführende Behauptungen von sich gegeben oder die Unwahrheit gesagt, dass niemand behaupten konnte, er habe nicht gewusst, dass Trump eine ganz eigene Auffassung von der Realität und vom Wahrheitsbegriff besaß. Zugleich traf sein Gefühl ins Herz einer großen Zahl seiner Landsleute, die sich von der Politik der Eliten im fernen Washington im Stich gelassen fühlten. Wiewohl Trump selbst Teil der Elite war, gelang es ihm, durch seine impulsive Wut als Outsider dazustehen, der im Gefühl in Resonanz mit seinen wütenden Wählern stand.

Das Gegenteil war bei seiner Mitbewerberin, der demokratischen Präsidentschaftskandidatin Hillary Clinton, der Fall. Anders als ihr Mann, der frühere US-Präsident Bill Clinton, der seine (Liebes-)Affären überstand, weil sie glaubhaft seinem Naturell entsprachen, war ihr emotionales Erscheinungsbild das einer ehrgeizigen, berechnenden Machtpolitikerin. Damit stand ihre Persönlichkeit im Gegensatz zu ihren Forderungen nach mehr sozialer Wärme und Gerechtigkeit. Hillary Clinton wirkte weder im Gefühl authentisch, noch war sie in Resonanz mit der Wut jener Menschen, die sich von Washington im Stich gelassen fühlten. Sie verlor die Wahl. Vier Jahre später hatte Joe Biden bessere Karten. Denn er konnte es an Stimmigkeit mit Donald Trump aufnehmen. Seine Schwäche, gelegentlich in Fettnäpfchen und Frauen zu nahe zu treten, erwies sich als Stärke gegenüber Trump. Denn durch seine Schwächen wirkte Biden genauso emotional authentisch wie der Amtsinhaber. So konnte er seinen Gegner mit dessen eigenen Waffen schlagen und gewann die Wahl.

Wer stimmig erscheint, dem wird vertraut, weil durch die Resonanz im Gefühl beim Gegenüber intuitiv der Eindruck entsteht, dass er sich auskennt im Wesen des anderen. Wer als Politiker emotional authentisch wirkt und zudem die Wähler im Gefühl anspricht, der kommt an. Wähler wollen Stimmigkeit, sie wollen in ihrem Gefühl verstanden werden, und sie wollen wissen, woran sie sind. Deshalb ist es fatal, wenn im Wahlkampf Versprechungen gemacht werden, die nach der Wahl nicht gehalten werden. Oder wenn bestehende Positionen ohne nachvollziehbare Erklärung plötzlich über den Haufen geworfen werden.

Angela Merkels Stärke war es, Stabilität, Verlässlichkeit und Sicherheit zu vermitteln, Werte, die ihrer Persönlichkeit entsprachen. Sie stellte eine machtbewusste Frau dar, die noch jeden Konkurrenten erfolgreich aus dem Weg geräumt hatte. Doch angesichts des Leids der Flüchtlinge, die auf einmal zu Tausenden nach Europa kamen, reagierte die mächtigste Frau der Welt überraschend einfühlsam und weich – menschlich sympathisch zwar, aber eben nicht mehr stimmig zu der Person, als die sie sich jahrelang an der Macht gehalten hatte, als die sie gewählt und bewundert worden war. Zwar gewann sie durch ihr Handeln neue Anhänger, doch viele ihrer angestammten Wähler nahmen ihr den unvermittelten Umschwung übel.

Wähler wollen das Gefühl haben, dass sie sich auskennen. Wo ihnen der Weg zur Mitbestimmung in politischen Detailfragen versperrt ist, brauchen sie zumindest den Eindruck, dass sie den Regierenden vertrauen können. Wenn statt kompetenter Sacharbeit Parteienstreit, Egoismen, Machtkalkül, Widersprüchlichkeit und fehlende Integrität das Bild beherrschen, wird dieses Vertrauen verspielt, ist die Stimmigkeit der politischen Arbeit nicht mehr gegeben und regt sich dementsprechend Unzufriedenheit in der Bevölkerung.

An der Stimmigkeit wird sich letztlich auch die Corona-Krise entscheiden. Das zentrale Problem zu Beginn bestand darin, dass keiner wissen konnte, welche Entscheidungen sich nach Überwindung der Krise als richtig erweisen würden. Die Frage, ob die Krise überhaupt so dramatisch war, wie sie in den Medien dargestellt wurde, erübrigte sich, weil die Bilder in den Medien längst zum Meinungsbildner für die Bürger und erst recht für die Politiker geworden waren. Wie konnte ein Politiker angesichts der erschütternden Bilder aus Italien, Frankreich und Spanien, wo Menschen sterben mussten, weil nicht genügend Beatmungsgeräte vorhanden waren, noch zögern, drastische Maßnahmen durchzusetzen, um zu verhindern, dass solche Bilder auch bei uns Realität würden? Und so blieb den Regierenden in der panisch forcierten Stimmung gar nichts anderes übrig, als dem Rat der Virologen zu folgen, die ihre Empfehlungen korrekt nach dem Kenntnisstand ihres Fachgebiets zur Seucheneindämmung abgaben. Vor allem ging es darum, zu verhindern, dass die Kapazitäten der Intensivstationen überlastet würden, um jedem Kranken eine bestmögliche Behandlung zu garantieren.

Diese Zielvorgabe war eindeutig und aus Sicht der Regierenden absolut verständlich. Ob sie wirklich sinnvoll war und ob sie sich auch rückblickend als sinnvoll erweisen wird, das war zu dem Zeitpunkt nicht abschätzbar. Ebenso wenig war es die Frage, ob die Entscheidungen der Regierenden im Nachhinein als stimmig angesehen werden. Wird nach dem Ende der Krise die Erleichterung darüber, dass wir es geschafft haben, die Oberhand gewinnen? Oder werden kritische Stimmen Zulauf finden? Weil eine konsequente Maskenpflicht und ein Schutz von Risikogruppen vielleicht die Lockdowns und ihre wirtschaftlichen Schäden verhindert hätten? Weil die verordnete Isolation besonders für alte Menschen und für psychisch Kranke katastrophal war? Weil viele als Folge der drastischen Maßnahmen von Arbeitslosigkeit und wirtschaftlichem Ruin bedroht und damit massiv belastet sein werden, vom sich abzeichnenden finanziellen Bankrott mancher Länder ganz zu schweigen, und von der Gefahr, die dadurch auf das vereinte Europa zukommt? War womöglich am Ende die Medizin schlimmer als die Krankheit?

Was ist, wenn die Politiker im Vertrauen auf ihre führenden Virologen die Situation aus einer verengten Perspektive heraus wahrgenommen haben sollten? Wenn einige Tausend alter, schwer kranker und pflegebedürftiger Menschen durch den Lockdown einige Monate länger leben konnten, dann aber ihren Grunderkrankungen zum Opfer fallen werden, so wie alljährlich in der Grippewelle? Diese Befürchtung stammt nicht von mir, sondern vom ehemaligen Präsidenten der Deutschen Interdisziplinären Vereinigung für Intensiv- und Notfallmedizin, Uwe Janssens, kurz nach dem Beginn der Krise. Wer solche Gedanken äußert, gilt sogleich als zynisch und herzlos. Aber zu Recht? Was, wenn der Preis für die gewonnenen Lebensmonate der Risikopatienten für die ganze Gesellschaft unverhältnismäßig hoch sein sollte? Wäre es dann nicht so, als würde man auf den Autobahnen Tempo 30 einführen, damit es dort keine Unfälle mit Todesfolge mehr gibt? Müsste man nicht umgehend das Rauchen verbieten, schließlich wäre bei geschätzten acht Millionen Toten jährlich – das sind die Zahlen der Weltgesundheitsorganisation (WHO) – eine täglich aktualisierte Todesstatistik zu den Folgen des Rauchens mindestens so dramatisch wie die von Corona? Und wie steht es um den Genuss von Alkohol?

Bei solchen Überlegungen geht es keineswegs nur, aber am Ende des Tages auch ums liebe Geld. Einer der führenden Schweizer Ökonomen, Reiner Eichenberger, hat berechnet, dass pro gewonnenem Lebensjahr für jeden erkrankten Schweizer Bürger Kosten in Höhe von bis zu 50 Millionen Franken für die Allgemeinheit entstanden sein dürften. Das ist deutlich mehr als die 1,9 Millionen Euro, die die teuerste Spritze der Welt für die kleine Hannah aus Schleswig-Holstein kostete, deren Schicksal wochenlang die deutschen Gemüter erhitzte, weil die Krankenkasse ihr anfangs die Behandlung verweigerte.

Sicher stellt sich die ethische Frage, ob man überhaupt Leben in Geld aufwiegen darf. Doch faktisch geschieht das tagtäglich, wenn Kinder in der Welt verhungern, während wir uns Austern und exotische Früchte einfliegen lassen. Eichenberger schlussfolgerte jedenfalls schon Anfang April 2020 angesichts der enormen Schäden für Demokratie, Politik, Wirtschaft und Gesundheit in der *Neuen Zürcher Zeitung*: »In einigen Wochen werden wir uns fragen: Sind wir eigentlich völlig von Sinnen gewesen?« Denn, so Eichenberger weiter: »Würde ein Medikament, mit dem jemand noch ein Jahr länger leben kann, so viel kosten, würde die Gesellschaft doch sagen: Spinnt ihr?«

Allerdings geht es eben keineswegs nur um die unmittelbaren finanziellen Schäden, die durch die wirtschaftliche Vollbremsung entstanden sind, sondern auch um die menschlichen Folgen, wenn die wirtschaftlichen Schockwellen Menschen in die Arbeitslosigkeit, Familien in den Ruin, ja selbst ganze Länder in den Bankrott treiben werden. Wie viele Leben werden dadurch zerstört? Oder durch das fehlende Geld in der medizinischen Forschung, weil sich alles nur noch um Corona dreht? Welche Lesart der Krise wird angesichts solcher Fragen am Ende für die Mehrheit der Bürger stimmig sein, selbst wenn die Krankheit auch zahlreiche Opfer außerhalb der Risikogruppen fordert?

Was aus einer kritischen Sichtweise auf das Krisenmanagement der Regierungen an Radikalisierungspotenzial für unsere Demokratien und für die unserer europäischen Partner entstehen könnte, mag man sich gar nicht ausmalen, von den Folgen für viele Länder außerhalb Europas ganz zu schweigen. Schon jetzt wurde unter dem Deckmantel der Maßnahmen gegen Corona das Streben nach Demokratie weltweit empfindlich beeinträchtigt, wurde etwa die Demokratiebewegung in Hongkong durch die pandemiebedingten Ausgangssperren im Keim erstickt. Oder ließ in Weißrussland Altdiktator Alexander Lukaschenko die Proteste gegen sein Regime brutal von Sicherheitskräften niederschlagen.

Weil bei uns die Politik unter dem Druck stand, schnell zu handeln, blieb kaum Zeit für Diskussion oder Abwägung. Die Parlamente, das Rückgrat unserer Demokratie, blieben lange außen vor, durften nicht über die Beschränkungen der Bürgerrechte entscheiden, weil die Maßnahmen in Deutschland wie in Österreich von den Regierenden in Bund und Ländern hinter verschlossenen Türen ausgehandelt wurden. Wo blieb da die Demokratie?

Schon gar nicht wurden die Bürger gefragt, weil das in unserer parlamentarischen Demokratie nicht vorgesehen ist. Womöglich hätten sich auch viele von ihnen überfordert gefühlt angesichts der Tragweite der im Raum stehenden Maßnahmen, angesichts des Zeitdrucks und angesichts der Angst, die den beschriebenen regressiven Sog erzeugte. Die Regierenden fühlten sich bestärkt durch die Regression der Bürger. Die Art ihrer Kommunikation erinnerte gelegentlich an den Kindergarten: »Wenn ihr euch an die Regeln zu Ostern haltet, dann dürft ihr in drei Wochen wieder zum Friseur. Andernfalls gibt es Hausarrest.«

Selbst der Hauptrisikogruppe der über Achtzigjährigen wurde keine Mitsprache dabei gewährt, ob sie die unfreiwillige Isolation der Gefahr, sich anzustecken, vorzogen. Viele von ihnen stürzte die verschärfte Vereinsamung in Depressionen. Auf Befragen gaben viele an, lieber im Kreis ihrer Liebsten sterben zu wollen, als einsam auf den nahen Tod zu warten. Für die Verwandten war es furchtbar, ihre Eltern und Großeltern an der Einsamkeit leiden zu sehen, obwohl bald bekannt war, dass Maskentragen und ein Sicherheitsabstand an der frischen Luft mit hoher Wahrscheinlichkeit ausreichend Schutz vor Ansteckung boten.

Bald regte sich Unmut über die nicht selten unsinnigen Regelungen und Gängelungen, die die zahlreichen Krisenverordnungen mit sich brachten, wie das Verbot, auf Parkbänken zu sitzen, oder Ausflüge in die einsame Natur oder in das eigene Ferienhaus zu unternehmen.

Verstärkt wurde der Unmut durch die Schwierigkeiten beim Ansuchen um finanzielle Hilfe im Wust der Bestimmungen und Regelungen. Wie es manchem Bürger in der Krise erging, dafür fand die portugiesische Besitzerin eines kleinen Lokals in der Wiener Innenstadt, in dem ich gerne mittags zu Gast bin und das wie unzählige andere in der Krise zwangsweise schließen musste, Worte, die, sollten sie repräsentativ für viele sein, in den Köpfen der Menschen noch nachwirken werden. Ich lasse sie mit der Nachricht, die sie an ihre Kunden aussandte, selbst sprechen, ungeschönt, unverblümt und lebensnah:

Guten Morgen,
es gibt einen Gouverneur der Nationalbank, der hat gesagt: »Alle alten, kranken Leute werden zu 100 Prozent unterstützt sowie alle großen Unternehmer, aber alle kleinen Unternehmer, die keine oder wenig Steuern bezahlen, werden nicht unterstützt!!«
Es gibt einen Bundeskanzler, der sagt »Es gibt ein Epidemie-Gesetz, aber es gilt nicht, nur was ich sage, gilt!!«

Es gibt ein allgemeines bürgerliches Gesetzbuch, da steht in Paragraf 1104: »Wenn die in Bestand genommene Sache wegen außerordentlicher Zufälle, als Feuer, Krieg oder Seuche … gar nicht gebraucht oder benutzt werden kann, so ist der Bestandgeber zur Wiederherstellung nicht verpflichtet, doch ist auch kein Miet- oder Pachtzins zu entrichten.« Aber nein, die Regierung sagt: »Auch das gilt nicht. Jeder soll es mit seiner Hausverwaltung ausmachen.« Meine Hausverwaltung ist die Nationalbank!!!

Ich sage: »Entschuldigung! Für was gibt es Gesetze, wenn die alle nicht mehr gültig sind!!???«

Im Radio, in den Pressekonferenzen wird über Milliarden Euro an Förderungen, an Kredit ohne Bürokratie versprochen. Ich habe mein Bankberater angerufen, ich wollte um einen kleinen Kredit von 10 000 oder 15 000 Euro ansuchen. Er hat mich ausgelacht! Ich wollte einen Überziehungsrahmen von 5000 Euro, mein Banker hat mich wieder ausgelacht und mir klargemacht, dass mein Gewinn zu klein ist, um irgendeine Hilfe zu bekommen!!!

Ich wollte mich anmelden, um diese Soforthilfe von 1000 Euro oder 500 Euro zu bekommen. Es ging nicht. Der Computer sagte: »Nein.« Ich fragte die Wirtschaftskammer Wien: »Warum?« Die Antwort: »Sie haben zu wenig Gewinn! Aber vielleicht kommt ein neues Update für Sie, warten Sie einmal ab bis Mitte April.«

Ich wollte mich anmelden für die COVID-19-Sonderförderung. Da kann man vielleicht, wenn es noch Geld gibt, 600 Euro bekommen. Aber da kommt wieder die Bürokratie ins Spiel. Dafür braucht man den Jahresabschluss von 2019. Doch wer hat schon im April den Jahresabschluss fertig? Ja, vielleicht die großen Firmen, die eine eigene Buchhaltung haben. Meine Buchhalterin ist am Rand des Nervenzusammenbruchs!

Die Tatsache ist, heute ist der 5. April und ich habe weder Groschen noch Cent bekommen! Meine Freundin hat mir 2000 Euro geschenkt! Bitte unterstützen Sie uns!!!

Soweit die aus dem Leben einer Normalbürgerin gegriffene Erfahrung schon im April 2020. Gebessert hat sich die Stimmung seither sicher nicht.

Für die Politik entscheidend wird in den kommenden Monaten und Jahren, in denen die Rechnung für die Krisenmaßnahmen präsentiert wird, die Frage sein, welches Narrativ am Ende von den Bürgern als stimmig angenommen wird. Weil die Bürger selbst nicht gefragt wurden, ruht die ganze Verantwortung auf den Schultern der Regierenden. Wird die Erleichterung überwiegen, koste es, was es wolle, dem Virus entkommen zu sein? Oder werden die zu befürchtenden Folgen diesen fraglichen Triumph ersticken? Die österreichische Regierung hat die drohende Gefahr erkannt und in eigener Sache ein Marketingbudget von 180 Millionen Euro für die kommenden vier Jahre ausgeschrieben, wohlgemerkt in Zeiten eines ausufernden Budgetdefizits.

TEIL III
Wir müssen endlich erwachsen werden!

Die erwachsene Persönlichkeit

Ich wies in der Einleitung bereits darauf hin, dass wir Menschen im Lauf der Evolution die Fähigkeit gewonnen haben, unser Tun abstrakt zu hinterfragen. Hierdurch können wir unser Verhalten aktiv und gezielt steuern und außerdem mitentscheiden, was wir als Gedankengut und Verhaltensmuster in unser Gehirn aufnehmen. Weil unser Denken und Handeln in unserem Gehirn zu Struktur wird, können wir durch unser Denken direkt auf seine Biologie einwirken. Indem wir unser Denken und Handeln steuern, formen wir regelrecht unser Gehirn und damit unsere Persönlichkeit. Auf diese Weise können wir als einziges Lebewesen bewusst Einfluss darauf nehmen, wer wir sind.

Jeder Einzelne von uns vollzieht in seiner psychischen Entwicklung die Schritte nach, die die Menschheit in ihrer Entwicklungsgeschichte durchlaufen hat. Etwa im Alter von vier Jahren sind wir heute dort, wo vor vielen Tausend Jahren dem ersten Menschen die bewusste Selbstwahrnehmung gelang und er sich als Individuum erkannte, dessen Denken sich von dem der anderen unterschied, eine Fähigkeit, die Psychologen als »Theory of Mind« bezeichnen.

Falls Sie gerade ein Kind kennen, das vier oder fünf Jahre alt ist, können Sie mit ihm einen Test machen. Dazu brauchen Sie eine Dose mit Keksen und ein paar Buntstifte. Im Beisein des Kindes tauschen Sie die Kekse in der Dose gegen die Buntstifte aus. Anschließend bitten Sie eine dritte Person hinzu, die von diesem

Tausch nichts weiß. Nun fragen Sie das Kind, was diese dritte Person in der Dose vorzufinden glaubt. Geht es davon aus, dass der Hinzugekommene wie üblich Kekse in der Dose mutmaßt, dann besitzt das Kind bereits eine Theory of Mind, denn dann kann es sich ein Bild davon machen, dass ein anderer über einen anderen Wissensstand verfügt als es selbst. Geht es hingegen davon aus, dass der andere seinem eigenen Kenntnisstand entsprechend Buntstifte in der Keksdose vermutet, ist das Kind noch nicht so weit.

Die Theory of Mind geht einher mit der Kompetenz, sich eine Vorstellung von den Konsequenzen des eigenen Handelns machen zu können, und stellt damit eine Vorbedingung für eine gezielte Steuerung der eigenen Impulse dar, die wiederum Grundvoraussetzung für zielgerichtetes und verantwortungsvolles Handeln ist. Das eigene Handeln verantwortungsbewusst steuern zu können – auch das muss gelernt werden. Dieser Lernprozess besteht im Wesentlichen darin, einen Handlungsimpuls, den unser Gehirn setzt und der meist begleitet ist von einem Gefühl, bei Bedarf gezielt hemmen zu können. Ich esse den Kuchen nicht, auch wenn er verlockend vor mir steht, ich lasse die Zigarette oder das Bier sein und bringe die miesgelaunte Erbtante nicht um. Erst im Erwachsenenalter ist eine solche selbstgesteuerte Impulshemmung voll ausgebildet, weil erst dann die dafür verantwortlichen Strukturen im Frontalhirn – jener Teil des Gehirns, der für die bewusste Steuerung zuständig ist – ausgereift sind. Wie die kurz angerissenen Beispiele belegen, gelingt die bewusste Impulssteuerung keineswegs immer und jedem.

Das Grundmuster, nach dem unser Gehirn arbeitet, lässt sich vereinfacht wie folgt darstellen: Ein äußerer Reiz wird blitzschnell vom Gefühlszentrum bewertet, das einen Handlungsimpuls setzt, der, sofern das eben gelernt wurde, bei Bedarf vom Verstand gesteuert werden kann. Gefühl, Handlung und Verstand sind also die drei ineinandergreifenden psychischen Ebenen, mit deren Hilfe wir mit der Umwelt interagieren.

In unserer westlichen Kultur haben wir dabei den Verstand zur wichtigsten Entscheidungsinstanz erkoren: »Cogito ergo sum: Ich denke, also bin ich.« Das Denken wurde zum Motor für unsere kulturelle Entwicklung und zur Richtschnur für den Wert des Geschaffenen. Der Gedanke zählt. Geistiger Arbeit wird oder wurde zumindest lange ein höherer Wert beigemessen als körperlicher Arbeit. Wir haben das Verstehen, die neugierige Eroberung der materiellen und geistigen Welt zum wichtigsten Ziel unserer Existenz erklärt, suchen nach den entlegensten Winkeln der Erde und des Universums und nach den Regeln, die in ihnen gelten, und streben dabei andauernd nach mehr. Aus Sicht der Hirnforschung haben wir mit dieser permanenten Suche das Motivationssystem und damit das Dopamin an die erste Stelle unseres Gesellschafts- und persönlichen Lebensentwurfs gerückt. Der Psychoanalytiker Erich Fromm hat das in seinem Buch *Anatomie der menschlichen Destruktivität* auf den Punkt gebracht: »Die Idee, dass man die Wahrheit auf dem Weg des Denkens finden könne … führte nicht nur zum Dogma, sondern auch zur Wissenschaft … zur katholischen Kirche und zur Entdeckung der Atomenergie.«

Dem entgegengesetzt steht in den Denkschulen des Fernen Ostens nicht die Suche nach einer absoluten Wahrheit im Vordergrund. Das Denken an sich ist unbedeutend, es zählt allein die Handlung. Die Frage, ob das Leben eines Menschen gelungen ist, wird an seinen Handlungen und nicht an den Errungenschaften seines Geistes gemessen. Bei der Handlung weiß man, woran man ist. Sie als maßgeblich anzusehen ist daher lebenspraktisch stimmig, nach dem Motto: »Was nützt der schönste Gedanke, wenn die Handlung nichts bringt.« Der Raum, in dem die Handlung ihre Auswirkungen zeigt, ist die Gemeinschaft. Das Gemeininteresse ist wichtiger als das des Individuums, womit der Schwerpunkt des Lebens stärker beim Oxytocin liegt als bei uns. Damit wird der entscheidenden Bedeutung, die Beziehungen auf unser Wohlergehen haben, Rechnung getragen. Der Preis für die geringere Wertschätzung der Leistungen des Geistes ist allerdings eine Begrenzung des kreativen Potenzials, weil das individuelle, freie geistige Schöpfertum eben nachrangigen Wert besitzt.

Beide Denkschulen, die des Westens und die des Ostens, funktionieren offenkundig gut zum Überleben. Auch haben beide die bewusste Beherrschung der von den Gefühlen angestoßenen Impulse, also eine Selbststeuerung zum Ziel. Sie orientieren sich darin an der Arbeitsweise unseres Gehirns. Und doch ignorieren beide die letztlich entscheidende Instanz für ein gelungenes Leben: das Gefühl. Denn wie wir unser Leben einschätzen, bestimmt allein das Gefühl.

In einem psychologischen Test wurden Menschen nach der Zufriedenheit in ihrem Leben befragt. Eine Hälfte der Befragten fand auf dem Weg zum Testlabor ein Zehncentstück, das ohne ihr Mitwissen von den Organisatoren des Versuchs für sie ausgelegt worden war. Erfreut über dieses kleine unbedeutende Glück, schätzte diese Hälfte der Testpersonen ihr gesamtes Leben signifikant besser ein als die Kontrollgruppe ohne den fingierten Fund. Eindrucksvoll zeigte sich, dass das Gefühl im Hier und Jetzt der Schlüssel zum Glück und damit zu einer zufriedenen Lebenseinschätzung ist.

In ursprünglichen Stammeskulturen wird im Hier und Jetzt gelebt, weniger bewusst als intuitiv. Entsprechend zitiert der österreichisch-ungarische Psychoanalytiker Paul Parin in seinem Buch *Die Weißen denken zuviel* den Chef eines Dorfs aus dem afrikanischen Mali: »Die Weißen denken zuviel, und dann machen sie viele Sachen; und je mehr sie machen, umso mehr denken sie. Und dann verdienen sie viel Geld, und wenn sie viel Geld haben, machen sie sich Sorgen, dass das Geld verloren gehen könnte und sie keins mehr haben. Dann denken sie noch mehr und machen noch mehr Geld und haben nie genug. Dann sind sie nicht mehr ruhig. So kommt es, dass sie nicht glücklich sind.«

Doch auch das Leben im Hier und Jetzt bringt, wenn es Ausschließlichkeit erlangt, ein Problem mit sich: Es fehlt eine Planung für die Zukunft. In tropischen Idyllen, wo immer etwas zu essen zu finden ist, hat das für das Überleben keine einschneidenden Konsequenzen. Jedoch bei uns in Europa, wo der Wandel der Jahreszeiten ein vorausschauendes Planen zum Überleben notwendig macht, genügt der alleinige Fokus auf die aktuelle Befindlichkeit nicht als Lebenskonzept.

Um den Anforderungen des Daseins bestmöglich gerecht zu werden, müssen die drei unterschiedlichen Philosophien der drei Kulturbereiche bewusst miteinander verbunden werden. Wahre Lebenskunst besteht demnach darin, mithilfe bewusster Entscheidungen und Handlungen dafür zu sorgen, dass in abstrakter Vorschau überlebenswichtige Handlungen gesetzt werden und zugleich Momente des kleinen und großen Glücks in Aussicht stehen und bewusst genossen werden können.

Lebensglück und Überlebenskunst gelingen demnach nicht, indem wir naiv die Entscheidungen in unserem Leben unseren Gefühlen überlassen, sondern indem wir bewusst dafür sorgen, dass unsere Entscheidungen und die von ihnen geleiteten Handlungen gut für unsere Gefühle sind. Die Frage, die unsere Lebensführung leiten sollte, lautet also: Wie geht es mir und denen, die mir wichtig sind im Leben, mit den Konsequenzen aus meinen Entscheidungen?

Indem wir durch bewusste Selbststeuerung den Fokus auf die Konsequenzen unseres Handelns für den Gefühlshaushalt von uns selbst und von anderen legen, berücksichtigen wir die bereits erwähnte enorme Bedeutung, die soziale Bindungen in unserem Leben haben. Bindungen zu sichern fördert Zufriedenheit, Gesundheit und Lebensdauer, weil Bindungen uns dabei helfen, den eigenen Gefühlshaushalt zu regulieren. Unweigerlich teilen wir unsere Gefühle und bekommen den Umgang mit ihnen mithilfe der Spiegelneuronen von anderen gespiegelt. Geteilte Freude ist dadurch doppelte Freude. So wie geteiltes Leid halbes Leid ist, weil ein anderer uns durch seine Anwesenheit seine psychische Kapazität, Gefühle zu verarbeiten, zur Verfügung stellt.

Vom eigenen Lebensentwurf zurück in die Gesellschaft

Längst ist die Notwendigkeit, bewusst den Blick auf die für unseren Gefühlshaushalt wesentlichen Dinge im Leben zu richten, zu einem Thema von gesellschaftlicher Relevanz geworden und betrifft daher auch die Politik. Eine Diskussion ist in Gang gekommen, die zum Ziel hat, dass wir unsere Gesellschaft so umbauen, dass sie sich an den Bedürfnissen der Menschen orientiert.

Das Teilen von Gefühlen, das zu zweit im direkten Austausch bestens funktioniert, funktioniert genauso in der Gesellschaft. Wir alle kennen vom Sommerurlaub Gegenden auf unserem Planeten, an denen die Menschen pausenlos gut gelaunt unterwegs sind. Wir mutmaßen, dass das Hochgefühl dort am Wetter liegen müsse, doch ist das nicht der Hauptgrund. Vielmehr führen kulturell geteilte Umgangsformen und gemeinsame Werte zu einem Wir-Gefühl, das in der Resonanz wechselseitiger Bestätigung zum gemeinschaftlichen Lebensgefühl wird.

Wo es einer Gesellschaft gelingt, durch gemeinsame Werte, Ziele und verbindende Umgangsformen ein positiv gestimmtes Miteinander zu etablieren, ist viel dafür getan, dass die Menschen sich wohlfühlen. Die erlebte Verbundenheit stärkt die Resonanz im Miteinander und mündet in das stimmige Gefühl, dass es so passt. Diese Wirkung von Resonanz begründet den enormen Einfluss, den unsere Beziehungen auf unser psychisches Wohlbefinden auch in der Gesellschaft insgesamt haben. Allerdings ignorieren wir in unseren westlichen Gesellschaften die Bedeutung des Beziehungsumfelds auf unser Wohlbefinden weitgehend. Das schon angedeutete Ideal ist bei uns der heroische Einzelkämpfer, der sich in seinem Erfolg sonnt, dabei gönnerisch seine soziale Ader spielen lässt und sich insgeheim oder offen am Neid der anderen labt. Doch was uns verlockend erscheint, entspricht nicht unserer biologischen Natur, entspricht nicht der Funktionsweise unserer Psyche.

Die Forderung, in unserer Gesellschaft der Resonanz den ihr gebührenden Stellenwert einzuräumen, findet vor diesem Hintergrund zunehmend Gehör. Immer mehr Menschen erkennen, wie notwendig es ist, dass wir den Aufbau unserer Gesellschaft und ihrer Werte bewusst an unsere genuinen Bedürfnisse anpassen sollten. Angesichts der steigenden Stressbelastung in der Gesellschaft durch die zunehmende Beschleunigung vieler Prozesse wird offensichtlich, wie wichtig Resonanzerlebnisse als Ausgleich für den Stress sind. Weitaus mehr sind sie entscheidend für unsere Lebenszufriedenheit, weil sich unsere Hirnstruktur ganz wesentlich aus den Interaktionen mit unseren Mitmenschen aufbaut, die damit unser gesamtes Wesen prägen.

Praktische Beispiele dafür, wie solche notwendigen Neuorientierungen aussehen können, gibt es längst – etwa in Mehrgenerationenwohngemeinschaften. Gerade alte Menschen sind besonders auf ein funktionierendes soziales Umfeld angewiesen, weil sich ihr Handlungsspielraum einschränkt und sie oft hilfsbedürftig werden. Wenn sie nicht mehr ins Alleinsein oder in triste Heime abgeschoben werden, sondern weiter am Alltagsleben teilhaben können, indem sie in Wohneinheiten gemischter Altersgruppen integriert werden, verbessern sich ihre Lebensqualität und ihre Lebensdauer signifikant. Dort, wo traditionelle Familienverbände oder vergleichbare Gemeinschaften nicht mehr existieren, sollten entsprechende Ersatzstrukturen gezielt gefördert werden.

Resonanzerfahrungen prägen unser Leben. Dank der Theory of Mind können wir sie auch abstrahieren. Wir können Resonanzerlebnisse auf die Welt projizieren und so mit unseren Gedankenwelten, mit Kunst, Musik, Natur, unserer Heimat oder mit einem Gott in Resonanz treten. Dadurch können wir mit allem in Beziehung treten, was Wirklichkeit und Fantasie zu bieten haben. Zwar können fiktive Beziehungserlebnisse echte Beziehungen nicht vollständig ersetzen, weil ihnen die Spiegelung fehlt, aber sie bereichern uns, helfen uns dabei, erfüllt zu leben. Ich persönlich kenne das Eintauchen in solche fiktiven Beziehungen aus eigener Erfahrung vom Romanschreiben. Das Schöne an schöpferischen Akten dieser Art besteht darin, dass sie zugleich die Gelegenheit bieten, selbst etwas zu gestalten. Zur Beziehung kommt das aktive eigene Bewirken hinzu. Das fördert die Zufriedenheit. Ja, wir können uns sogar wie in der Religion in fiktiven Beziehungen geborgen fühlen und durch sie auf unseren Stresshaushalt einwirken oder mit ihnen in einen inneren Dialog treten und dadurch manches in einem klareren Licht sehen. Beziehung und Bewirken, gesunder Stressausgleich und Stimmigkeit, hier sind sie wieder, die vier Grundlagen für ein gelingendes Leben.

Das Potenzial, mithilfe unserer abstrakten Vorstellung gemeinsame Ziele und Perspektiven zu entwickeln und dadurch Verbundenheit und Identität zu fördern, besitzt auch die Politik. Aber sie lässt es bei uns seit Jahrzehnten weitgehend ungenutzt. Dabei kann Politik Hoffnungen wecken, Visionen, für die die Menschen bereit sind, sich einzubringen. Was als Idee beginnt, kann, einmal entfacht, zu einer Neugestaltung gesellschaftlichen Miteinanders werden, zu einer Revolution – im Guten wie im Schlechten. Eine zukunftsorientierte Politik sollte bewusst und gezielt an der Weiterentwicklung unserer Gesellschaft arbeiten. Hierzu muss sie Anstoß geben zum Fantasieren, zum Diskutieren und zum konkreten Umsetzen. Sie sollte berücksichtigen, was wir Menschen brauchen, um uns im Leben wohlzufühlen – und das ist eben mehr als nur die Absicherung unserer wirtschaftlichen Existenz.

In der Politik geht es unweigerlich um Werte. Sie propagiert Werte und orientiert sich dabei an den Wertevorstellungen der Bürger. Um in diesem wechselseitigen Prozess einen Wertewandel in Gang zu bringen, können wir demnach bei uns selbst beginnen. Aus der Umweltbewegung entstanden die Grünen. Eine bewusste Definition der eigenen Werte ist jedem von uns möglich. Wer statt Konsum und Daueraction die wesentlichen Aspekte der Hirnforschung für ein erfülltes Leben berücksichtigt, wird erfahren, wie sich trotz aller Höhen und Tiefen das Gefühl einstellen wird, dass das eigene Leben stimmig verläuft. Und er kann dieses Wissen mit anderen teilen, bis es Allgemeingut wird.

So können und sollten wir damit beginnen, unsere Gesellschaft an unseren eigentlichen Bedürfnissen auszurichten. Die enorme Flexibilität unseres Denkens macht es möglich, dass wir mithilfe unserer abstrakten Vorstellungskraft neue gesellschaftliche Perspektiven entwickeln. Kultur ist wandlungsfähig. Anstatt den Wandel dem Zufall zu überlassen oder denen, die am lautesten schreien, sollten wir gemeinsam an einer zielgerichteten Weiterentwicklung arbeiten. Andernfalls droht, dass die künstliche Intelligenz zur entscheidenden Größe auf unserem Planeten wird – programmiert von einigen Computer-Nerds im Silicon Valley oder in China.

Wenn es um die Gestaltung unserer Zukunft geht, tut sich die Politik schwer, weil sie in kurzfristigen Zeiträumen denkt und verhaftet ist. Krisenbewältigung, die immer öfter notwendig wird, weil keine vorausschauenden Vorkehrungen getroffen worden sind, dominiert das Geschehen, ergänzt vom Blick auf die jüngsten Umfragen und die nächsten Wahlen. Strukturen, die es dem Bürger ermöglichen, bei den Politikern Gehör zu finden, existieren kaum, am ehesten noch auf lokaler Ebene. So bleibt den Bürgern nur, sich zusammenzutun, um bei ihren Politikern Gehör zu finden.

Allerdings bestärkt das den Eindruck von Politikern als eigene, von den Bürgern getrennte Kaste. Um dem entgegenzuwirken, sollten die Bürger sich in aller Selbstverständlichkeit vor Augen führen, was die Politiker gemäß der Verfassung sind: Volksvertreter, deren Aufgabe darin besteht, die Interessen der Bürger zu vertreten.

Die Bürger sollten sich und ihre Meinungen nicht verstecken. Wenn aus einzelnen Stimmen viele werden, lässt sich auf einmal eine Menge bewegen. Hätten sich die Menschen nicht zusammengetan, wäre es 1989 nicht zur Wende gekommen. Und jüngst erlebten wir mit, wie eine junge Frau aus Schweden auf der ganzen Welt Beachtung fand und selbst von einflussreichen Politikern und Organisationen wahrgenommen und persönlich empfangen wurde. Innerhalb weniger Monate gelang es Greta Thunberg mit ihren Forderungen durch den von ihr initiierten »Schulstreik für das Klima« eine Graswurzelbewegung in Gang zu setzen, der sich seither weltweit Zehntausende angeschlossen haben. Unabhängig von ihren Forderungen und ihrer Vorgehensweise ist ihr Erfolg ein Beleg dafür, dass ein Wandel möglich ist. Auch von unten, aus der Mitte der Bürger. Denn wenn aus Einzelnen viele werden, werden sie beachtet.

Greta Thunberg macht vor, wie es gelingt, andere Menschen für die eigenen Anliegen zu gewinnen: In ihren Auftritten weckt sie Gefühle. Die Wut der Entrüstung und die Angst vor der Endzeit. Über die Gefühle löst sie Resonanz aus bei ihren Zuhörern, gerade durch ihre eigenwillige Art, die sie auf den ersten Blick so deutlich unterscheidet vom routinierten und gecoachten Auftreten der allpräsenten Politprofis. Wenn die Gefühle heftig sind, sind wir mit voller Aufmerksamkeit dabei. Was wir emotional intensiv erleben, behalten wir besonders gut. Deshalb lässt sich durch heftige Gefühle ein Wandel anstoßen in der psychischen Struktur. Werden die Gefühle über die Resonanz mit anderen geteilt, verstärkt sich ihre Wirkung zusätzlich.

Das Gefühl ist also der Motor des Wandels! Auch in der Gesellschaft. Gerade dort werden Gefühle verstärkt durch die Resonanz, die heutzutage in nie da gewesener Geschwindigkeit und Breitenwirksamkeit angefacht werden kann, weil die neuen Medien die Wirkung von Gefühlen vervielfachen und dadurch zusätzlich befeuern. Direktes Bewirken in der Gemeinschaft mit anderen wird so auch in der Politik zu einer potenziell weltweit wirksamen Realität.

Die erwachsene Gesellschaft

Noch liegt ein Großteil der notwendigen weiteren Entwicklungsschritte unserer Demokratie in den Händen der politischen Entscheidungsträger. Doch eben auch wir Bürger können aktiv beitragen zur Sicherung, zum Erfolg und zur evolutionären Weiterentwicklung unseres Gesellschaftssystems. Das übergeordnete langfristige Ziel dabei muss es sein, die Lebensqualität möglichst weitgehend für möglichst alle in der Gesellschaft zu verbessern.

Um unsere Demokratie zu schützen und sie nicht in die Hände radikaler Populisten von rechts oder links entgleiten zu lassen, ist es an erster Stelle wichtig, dass wir uns selbst als erwachsene, mündige Bürger unsere eigenen Meinungen bilden. Eine solche fundierte Meinungsbildung zu den Werten, die wir vertreten, und zu den Wegen, die zu diesen Werten führen, erlaubt es in der Regel auch dann an ihnen festzuhalten, wenn gelegentlich die Gefühle hochkochen.

Offenbar ist da noch viel zu tun, denn war es nicht erschreckend zu sehen, wie schnell und widerspruchslos ein Großteil der Bürger auf essenzielle Grundrechte verzichtete, als die Angst vor dem Coronavirus um sich griff, Grundrechte wie Versammlungs- und Bewegungsfreiheit, für die Menschen in anderen Ländern bereit sind, ihr Leben zu lassen? Oder war es schlimmer, zu erkennen, wie die Maßnahmen der Politik, die diese Bürger entmündigten, legitim erschienen angesichts der Verantwortungslosigkeit vieler, die nicht in der Lage oder aus pubertär anmutendem Trotz nicht gewillt waren, den zur Vermeidung einer Ansteckung notwendigen Abstand einzuhalten, um sich selbst oder zumindest andere zu schützen, und stattdessen Corona-Partys veranstalteten? Das Gesamtbild, das entstand, bestand aus Politikern, die als Opfer der Medienhysterie emotional getrieben reagierten, und aus Bürgern, die sich nach Lust und Laune weiter austobten, weil für sie erwachsene Eigenverantwortung ein Fremdwort blieb. Man mag sich gar nicht ausmalen, wie angesichts dessen wohl eine Krise mit einem deutlich gefährlicheren Virus bei uns verlaufen wäre. Doch verstellte dieses oberflächliche Bild den Blick auf die schweigende Mehrheit, die verantwortungsvoll mit der Krise umging und zur Belohnung dafür in Sippenhaft genommen wurde.

Wenn eine echte Bürgergesellschaft funktionieren soll, müssen Bürger Verantwortung übertragen bekommen und gefordert werden, sich dieser auch zu stellen und gegebenenfalls die Konsequenzen für ihre Entscheidungen zu tragen. Voraussetzung dafür ist, dass jeder, der sich an Entscheidungsprozessen beteiligen will, ausreichend informiert ist, um sich eine eigene Meinung bilden zu können. Wer mitbestimmen will, muss sich aktiv beteiligen am Meinungsbildungsprozess: Was ist uns wichtig? Und warum ist es uns wichtig?

Zugleich ist zu fordern, dass mündige Bürger eine ausreichende Impulskontrolle besitzen, die verhindert, dass sie aufgrund von plötzlich ausgelösten Gefühlsimpulsen ihren Verstand an den Nagel hängen und im schlimmsten Fall zu willenlos Getriebenen werden.

Weil jede Gesellschaft ihren Mitgliedern abverlangt, ihr Leben mit anderen zu teilen, die eigene, oft abweichende Interessen haben, kann das Zusammenleben nur gelingen, wenn Kompromisse gefunden werden. Das gilt gerade in einer Demokratie. Voraussetzung dafür ist eine grundsätzliche Kompromissfähigkeit auf allen Seiten, idealerweise in einer gelebten Konfliktkultur, die lösungsorientierte, sachliche Kompromissfindungen begünstigt.

Dazu bedarf es einer Gesprächsatmosphäre, die dem Verstand genügend Zeit für seine Arbeit gibt. Jeder von uns weiß aus eigener Erfahrung, dass für rationale Argumente kein Platz ist, wenn die Emotionen hochgehen. Sachliche Kompromisse lassen sich daher meist erst finden, wenn die Gefühle wieder abgeklungen sind. Nicht selten sind daher Auszeiten in Debatten fruchtbarer, als weiter zu diskutieren.

Hilfreich für eine Kompromissfindung sind klare Rahmenbedingungen. Irgendwann ist die Diskussion zu Ende, und dann wird entschieden. Das funktioniert im Parlamentarismus gut. Nach der Debatte kommt unweigerlich die Abstimmung.

Ein Beispiel dafür, wie es in bester Absicht nicht funktioniert, sind die praktischen Auswirkungen des österreichischen Zivilrechts-Mediations-Gesetzes auf die Rechtsprechung. Seit 2004 sind Richter in Zivilrechtsprozessen dazu angehalten, die Parteien mehr oder weniger sanft zu drängen, selbst einen Kompromiss zu finden, anstatt ein Urteil zu fällen. Da können Scheidungen oder Erbstreitigkeiten leicht zehn Jahre und länger dauern, vor allem, wenn aufseiten der Streitenden intensive Gefühle beteiligt sind. Oft beenden nur Zermürbung, Bankrott oder der Tod einer der beiden Konfliktparteien das frustrierende Spiel nach zahllosen Schriftsätzen und endlos neu angesetzten Verhandlungen. Die Anwälte freut es. Ressourcen- und nervenschonender wäre ein Prozess, bei dem die Richter frühzeitig nach Klärung der Faktenlage ein Urteil fällen würden und es dann für einen befristeten Zeitraum den beiden Streitparteien freistünde, einen alternativen, ihnen passenderen Kompromiss zu finden. Gelingt das, gilt der, andernfalls der Schiedsspruch des Richters.

Konflikte gehören begrenzt, zeitlich und inhaltlich. Dazu ist es wichtig, zu erkennen und anzuerkennen, dass am Ende eine Lösung steht, notfalls, wenn die Gefühle den Verstand gekapert haben, mithilfe eindeutiger Entscheidungsstrukturen oder der Hilfe durch eine unparteiische Instanz.

Eine Diskussions- und Entscheidungsfindungskultur muss berücksichtigen, wie schwer es sein kann, die eigenen Gefühle, gerade wenn sie heftig sind, ausreichend zu steuern. Ich verwende zur Veranschaulichung gerne das Bild von Pferd und Reiter. Pferde sind ausgesprochen emotionale Tiere, die jedoch über einen recht begrenzten Verstand verfügen. Wenn bei ihnen die Gefühle durchgehen, was wegen ihrer Natur als typische Fluchttiere meist aus Angst geschieht, gibt es kein Halten mehr. Das Gefühl ist alles. Für den Reiter bedeutet das, dass er in einer solchen Situation die Rolle des Verstands übernehmen muss, der die überschäumenden Gefühle des Pferdes bändigt. Er stellt dem panisch flüchtenden Tier die Arbeit seines eigenen Großhirns zur Verfügung, um so der tierischen Gefühle Herr zu werden.

Für Klärung und Kompromissfindung brauchen wir den Verstand, doch gönnen wir ihm oft nicht die Zeit, die er für seine Arbeit benötigt. Schnelle Reaktionen aus dem Bauch heraus beherrschen das Miteinander – im Privaten wie in der Politik. Da überrascht es nicht, dass Parteien im Aufwind sind, die ganz auf das Gefühl der Wähler abzielen.

Mittlerweile neigen wir in Deutschland dazu, wie aufgescheuchte Hühner jedes Thema zu dramatisieren, so sehr, dass Beobachter aus dem Ausland schon eine »deutsche Erregungsgesellschaft« konstatieren, in der nüchterne Abwägung bereits als Provokation erlebt werde. Diesem Trend zur hysterischen Dramatisierung sollten wir bewusst gegensteuern, denn Angst und Wut sind meist schlechte Ratgeber.

Leider wird der Trend durch die aktuelle Berichterstattung in den Medien verstärkt. Weil die Medienquote nach Gefühl verlangt, um Aufmerksamkeit zu bekommen, findet dort jedes Drama und finden deshalb radikale Strömungen mit jedem Drama, das sie inszenieren, eine ideale Plattform. Für manche sind diese Dramen schlicht eine Form des Entertainments, doch die meisten sind wohl eher genervt bis entsetzt von der künstlich aufgeheizten

Problemflut. Wer diesem Sog entrinnen will, dem bleibt nur, seine Information bewusst zu begrenzen: Anstatt andauernd auf dem neusten Stand der Nachrichten zu sein, ist es ratsamer, sich auf einige wenige, aber als verlässlich eingeschätzte Informationsquellen zu beschränken.

Als mündige Bürger sollten wir uns eigene Meinungen bilden, sie an der Realität überprüfen und uns dann mit ihnen Gehör verschaffen, nicht als aufgehetzte Protestierer und brüllende Demonstranten, weil dort vor allem das Gefühl bedient wird, sondern in privaten Gesprächen, in Bürgerversammlungen, in der Diskussion mit Politikern und in den Medien.

Wandel braucht Zeit, aber er findet statt. Wir neigen dazu, alles sofort zu wollen, geschuldet der Funktionsweise unseres Motivationssystems, das nach schneller Wunscherfüllung strebt, und müssen erst mühsam im Lauf unserer psychischen Entwicklung lernen, dass gut Ding manchmal Weile braucht. Ein Wandel zu mehr direkter Demokratie, der das psychische Bedürfnis nach erwachsener Wirkmächtigkeit berücksichtigt, wird nicht radikal über Nacht, sondern in einem schrittweisen Prozess erfolgen, weil er Anforderungen an die Bürger stellt, an die sich viele erst anpassen müssen. Doch ist die Zeit reif für einen solchen Wandel, weil der Unmut in der Bevölkerung wächst.

Um ihrer Verantwortung in einer direkten Demokratie gerecht werden zu können, sollten mündige Bürger die Schwachstellen ihrer Psyche kennen, damit sie sich nicht ungewollt zu Handlungen drängen lassen, die sie bewusst so gar nicht wollen. Dazu gehören die Selbstverstärkungstendenz unseres Denkens, die Macht und die Ansteckung von Gefühlen – besonders Angst und Wut – und die Spaltungsneigung im Stress mit der daraus resultierenden Sogwirkung von Massenprozessen.

TEIL IV
Schwachstellen unserer Psyche als Gefahr für unsere Demokratie

Selbstverstärkung

Die biologische Struktur des Gehirns wird durch all das geformt, was sie an Informationen über die Jahre aufnimmt. Unser Erleben wird in unserem Gehirn zu Biologie. Dadurch passen wir uns mit jedem Schritt, den wir in unser Leben hineinwachsen, besser an die Bedingungen unserer Umwelt an, ein Entwicklungsprozess, der bereits vor der Geburt beginnt und ein Leben lang anhält. Einmal im Gehirn gespeicherte Erfahrungsmuster werden bewahrt und bei Bedarf wie eine Schablone über das aktuell wahrgenommene Geschehen gelegt. Passt die existierende Schablone, wird sie beibehalten und mit jeder Anwendung verstärkt, um bei nächster Gelegenheit umso leichter und schneller präsent zu sein. Es ist wie beim Vokabellernen. Durch kontinuierliche Wiederholung sammeln wir einen Wortschatz an Erfahrungen, der uns dabei hilft, in der Welt zurechtzukommen.

Auf jede aktuelle Gegebenheit projizieren wir erst einmal den Erfahrungsschatz, den wir bereits aufgebaut haben, weil er in der Struktur unseres Gehirns verankert ist und deshalb unsere Erwartungshaltung bestimmt. Deshalb neigen wir dazu, einmal gemachte und bewährte Erfahrungen beizubehalten und selbst neue Erfahrungen an die bekannten Schablonen anzupassen. Kein Wunder, dass diese Neigung im Alter zunimmt, weil sich Muster, die wir jahrelang beibehalten, regelrecht in unsere Hirnstruktur einbrennen.

Das gilt keineswegs nur für Handlungs-, sondern auch für Denkmuster. Unbewusst streben wir also danach, uns unsere Meinung immer wieder aufs Neue zu bestätigen. Sofern wir nicht bewusst gegensteuern, sind wir latent intolerant bis missionarisch.

Die Folge dieses strukturell konservativen Aufbaus unseres Gehirns ist eine Selbstverstärkungstendenz, die nicht nur unseren individuellen Starrsinn im Alltag prägt, sondern auch unsere staatlichen Strukturen. Etwa werden in der Steuergesetzgebung einmal aufgebaute Regelungen beibehalten und so lange weiterentwickelt und angepasst, bis keiner mehr den Durchblick hat. Fakten werden geschaffen, die einen Weg zurück unmöglich scheinen lassen. Denn was würde mit den vielen Steuerberatern in Deutschland geschehen, wenn auf einmal neue, einfache Steuerregeln eingeführt würden? Im Januar 2019 zählten die Steuerberaterkammern 97 653 Mitglieder. Doch nicht nur die Unmenge an Beratern, sondern sogar die Gesetze selbst belegen, wie die Selbstverstärkung in der Steuergesetzgebung immer buntere Blüten treibt. Anschaulich zeigt das ein Zitat, das dem CSU-Politiker Erwin Huber zugeschrieben wird: »Der Satz des Pythagoras umfasst 24 Worte, das Archimedische Prinzip 67, die Zehn Gebote 179, die amerikanische Unabhängigkeitserklärung 300 – und allein Paragraf 19 a des deutschen Einkommensteuergesetzes 1862 Worte.«

Vergleichbar der Struktur in unserem Gehirn fällt es überall dort, wo staatliche Strukturen in vielen Jahren aufgebaut wurden, schwer, etwas zu ändern. Das dürfte ein wesentlicher Grund dafür sein, dass es in der Geschichte oft radikaler Umbrüche bedurfte, um neuen Strukturen eine Chance zu geben. Revolutionen ermöglichten einen Neustart, wo verkrustete Ordnungen erstarrt waren – allerdings häufig um einen hohen Preis.

Auch die Politiker selbst sind – wie jeder andere Berufsstand – dem Drang zur Selbstverstärkung ausgesetzt. Die ihnen zugeteilte Machtfülle ist narzisstisch verlockend und wird zur Selbstverständlichkeit mit einem permanenten Streben nach mehr. Ich erinnere mich noch an die ersten Bilder des mittlerweile langjährigen russischen Präsidenten Wladimir Putin. Er saß neben seinem

Vorgänger Boris Jelzin und wirkte wie ein bescheidener Apparatschik, ein Staatsdiener, der seine Pflicht erfüllen würde, für den Geheimdienst und für das Vaterland. Seitdem hat er sich merklich verändert, deutlich zu erkennen auf den Fotos, auf denen er sich mit nacktem Oberkörper, vor maskuliner Energie strotzend, hoch zu Ross als neuer Zar seines Volkes inszeniert. Da überrascht nicht sein offener Widerwille dagegen, die Macht gemäß den Regeln der russischen Verfassung abzugeben. Doch weigerte sich nicht auch Gerhard Schröder in der Elefantenrunde nach seiner Wahlniederlage gegen Angela Merkel, der für ihn augenscheinlich bitteren Realität ins Auge zu blicken? Von Donald Trumps Reaktion auf den Sieg Joe Bidens ganz zu schweigen.

Noch weitaus drastischer kam die Selbstverstärkungstendenz zur Geltung bei manchen Alleinherrschern, die, einmal an der Macht, in ihrem Streben nach nicht enden wollender Selbstinszenierung keine Grenzen mehr kannten. Erinnern wir uns nur an den Personenkult, den der frühere libysche Diktator Muammar al-Gaddafi betrieb, wenn er sich in wallenden, farbenprächtigen Gewändern auf Staatsempfängen von seiner Amazonenleibgarde eskortieren ließ. Oder an die bizarren Zeremonien von Jean-Bédel Bokassa, dem die Präsidentschaft nicht reichte, weswegen er sich auf einem gigantomanischen Thron in Form eines überdimensionalen goldenen Adlers zum Kaiser Zentralafrikas krönen und in der Tradition römischer Cäsaren seine Gegner von Löwen zerfleischen ließ.

Die nach den Gräueln der Nazizeit bei uns in Deutschland und Österreich aufgebauten demokratischen Strukturen verhindern, dass der Selbstverstärkungsdrang bei unseren Politikern in derartigen Selbstinszenierungen ausartet. Doch auch sie unterliegen den Verlockungen der Macht und sind darin einem selbstverstärkenden Sog ausgesetzt. Die hohe Stressbelastung des Berufs verführt dazu, Privilegien als Belohnung für die eigenen Mühen zu sehen, was in die Selbsteinschätzung münden kann, dass man als Politiker nicht mehr den Regeln des Normalbürgers unterworfen sei. Der frühere österreichische Vizekanzler Heinz-Christian Strache belegte eindrucksvoll die Verzerrungen der eigenen Moral durch den Eintritt in den Zirkel der Mächtigen. Seine Äußerungen, die 2017 in einem heimlich aufgenommenen Video festgehalten wurden und zur sogenannten Ibiza-Affäre führten, offenbaren, wie er einer vermeintlichen russischen Investorin im Gegenzug für die Unterstützung seiner Partei öffentliche Aufträge und sonst noch so einiges in Aussicht stellte.

Strache gehörte wie auch der schon genannte frühere italienische Ministerpräsident Bettino Craxi zu den Politikern, die sich beim Ködern mit unmoralischen Angeboten ertappen ließen. Doch sind diese Aufgeflogenen nur die Spitze des Eisbergs, denn die Versuchungen der Macht zeigen überall ihre Wirkung. Auch in Deutschland sind Politik und Verwaltung anfällig für Machtmissbrauch durch Korruption. Laut dem Institut der deutschen Wirtschaft (IW) in Köln gehen deutschen Unternehmen jährlich 6,2 Prozent ihres Umsatzes durch Korruption verloren. Das sind (ohne Einzelhandel, Finanz- und Versicherungsdienstleistungen) geschätzte 335 Milliarden Euro. In anderen Ländern ist die Lage oft noch viel dramatischer.

Aber selbst wer als Politiker gewissenhaft seinem Amtseid treu bleibt, läuft Gefahr, sich im Kreis der Seinen fern von den Niederungen des gewöhnlichen Alltags zu fühlen und entsprechend zu verhalten. Bei den Bürgern entsteht dadurch im Gegenzug das Gefühl, dass die Politiker als abgehobene Elite den Kontakt zu ihren Bürgern verloren haben. Frust und Wut sind die Folge, und das ist brisant für das politische System.

Denn Gefühle haben eine besondere Macht. Wie der zitierte psychologische Test zeigte, hat der aktuelle Gefühlszustand einen entscheidenden Einfluss auf so essenzielle Fragen wie die Gesamteinschätzung des eigenen Lebens – und sei es nur aufgrund eines Freudensprungs über eine vermeintlich zufällig gefundene Zehncentmünze. Die aktuelle Stimmungslage beeinflusst unser Urteil, denn alles, was an Eindrücken auf uns einwirkt, wird immer auf der Basis unserer gespeicherten Erfahrungen emotional bewertet. Gefühle dienen der raschen Reaktion, sind schneller als der Verstand, der ja gegebenenfalls den aus einem Gefühl entspringenden Handlungsimpuls hemmen kann.

Gefühle sollen uns dabei helfen, Wichtiges von Unwichtigem zu unterscheiden, sind also bedeutende Vereinfachungshilfen. Doch zugleich sind sie fehleranfällig. Aus dem Bauch heraus treffen wir Entscheidungen, die im Moment noch unser Glück bedeuten, aber uns bald darauf schon das Leben zur Hölle machen können.

Nur wenn Gefühl und Verstand in guter Feinabstimmung zusammenarbeiten, kann die menschliche Psyche optimal funktionieren und ein auf die jeweilige Situation zugeschnittenes, zielgerichtetes Handeln bestmöglich steuern. Unsere Grundgefühle – etwa Freude, Überraschung, Furcht, Traurigkeit, Angst und Ekel – sind angeboren. Doch wie und vor allem in welcher Heftigkeit sie sich in welcher Situation zeigen, wird von unseren Lebenserfahrungen bestimmt, weshalb jeder in seinen Gefühlsäußerungen individuell verschieden ist.

Was oft übersehen wird, ist die Tatsache, dass unser menschliches Gehirn den Umgang mit seinen Gefühlen erst lernen muss. Je besser es gelingt, die eigenen Gefühle an realen Lebenserfahrungen zu schulen, desto verlässlicher können sie gezielt genutzt werden. Im Lauf der Zeit baut sich so eine Intuition auf, die es erlaubt, situationsangemessene Entscheidungen auch ohne bewusstes Nachdenken zu fällen. Jeder, der seinen Beruf seit vielen Jahren routiniert ausübt, weiß um den unschätzbaren Wert dieser Erfahrung.

Doch selbst dem Routiniertesten fällt es schwer, angemessen zu reagieren, wenn die eigenen Gefühle zu heftig sind. Ein Extrembeispiel dafür sind Massenpaniken, bei denen sogar Menschen zu Tode getrampelt werden. Die Bilder der tragischen Ereignisse anlässlich der Loveparade 2010 in Duisburg sind vielen noch vor Augen. Im heftigen Gefühl der Panik ist der Verstand außer Kraft gesetzt, ist nur noch der gefühlsgesteuerte Drang zum Handeln präsent – ohne Rücksicht auf Verluste.

Gerade wenn die Gefühle ungestüm sind, neigt unser Verstand zu Fehlinterpretationen. Etwa wenn wir nach einer durchzechten Nacht morgens mit mieser Laune aufwachen und nach einem Grund für unseren Zustand suchen. Der ist leicht gefunden, denn wer liegt näher als der eigene Partner neben uns im Bett? Der ist dann schuld, wer sonst? Und unversehens erkennen wir eine entscheidende Ursache für politische Phänomene wie Fremdenfeindlichkeit. Wer ist schuld an der eigenen Unzufriedenheit, wenn nicht die anderen?

Wie sehr Gefühle unser Denken beeinflussen, ist von zentraler Bedeutung für die Politik. Denn wie, wenn nicht durch die Macht der Gefühle, lassen wir Bürger uns manipulieren und instrumentalisieren? Sofern wir nicht bewusst gegensteuern. Am effektivsten in ihrer Wirkung sind Angst und Wut. In der Angst suchen wir die Nähe anderer, um uns sicher zu fühlen. In der Wut verbünden wir uns mit Gleichgesinnten gegen einen gemeinsamen Feind. Beide Gefühle schweißen zusammen.

Wie Angst und Wut für politische Manipulation missbraucht werden können, weil wir bei vehementen Gefühlen im wahrsten Sinne des Wortes den Verstand verlieren, hat die Geschichte wiederholt dramatisch bewiesen. Oder denken wir an die paradoxe

Wirkung des Stockholm-Syndroms. Doch selbst ein harmloser psychologischer Versuch belegte, wie Angst uns zum Miteinander treibt und wir im Rausch der Gefühle um den Verstand gebracht werden. Männer in den besten Jahren wurden über eine schwankende Hängebrücke geschickt. Am Ende der Brücke wartete eine attraktive Frau auf sie. Und siehe da, die Herren verfielen ihr. Ließ man die Männer hingegen eine gewöhnliche stabile Holzbrücke überqueren, war ihr Interesse an der Frau am anderen Ende kaum der Rede wert. Die Angst machte die Männer anfälliger für die Liebe. Unbewusst suchten sie in der Angst nach Nähe und waren blind dafür, dass ihrer intensiven Gefühlsregung eigentlich ein Missverständnis zugrunde lag.

Priming und Manipulation

Andauernd nimmt unsere Psyche unbewusst äußere Reize auf und passt sich an sie an. Meist, ohne dass wir das merken. Jugendliche bekamen einen Text zu lesen, der Wörter enthielt, die wir mit einem hohen Lebensalter assoziieren, wie »schwerhörig«, »Schmerzen«, »geschwächt«, »behindert«, »Hautfalten« oder »Bridge«. Anschließend brauchten diese Jugendlichen signifikant länger für den Weg zu einem Gedächtnistest in einem Nebengebäude und schnitten auch auffallend schlechter ab als eine Vergleichsgruppe. Man spricht bei einer solchen Beeinflussung durch unbewusste Anker von Priming. Ohne dass wir es bewusst realisieren, sind wir durch Priming beeinflussbar. Wer eine warme Tasse Kaffee in Händen hält, schätzt andere Menschen als warmherziger ein. Wer in einem Chefsessel sitzt, lässt die Meinungen anderer weniger gelten. Wer ein weiches Sitzkissen hat, ist kompromissbereiter in Verhandlungen. Priming beeinflusst unsere Entscheidungen beim Konsum und in der Politik, ja selbst auf unser Selbstgefühl und unseren Körper wirkt es ein. Wer bewusst eine betont dominante Körperhaltung einnimmt, bei dem steigt der Testosteronwert im Blut.

Der Selbstverstärkung sei Dank, hat jede Anpassung unserer Psyche die Tendenz, eine sich selbst weiter verstärkende Eigendynamik anzustoßen. Selbsterfüllende Prophezeiungen bestätigen daher die Erwartungshaltung. Frauen, die vor einem Mathematiktest ihr Geschlecht angeben mussten, schnitten um 30 Prozent schlechter ab als solche, die vor dem Test nicht daran erinnert wurden, dass sie eine Frau waren. Ähnlich erging es schwarzen US-Amerikanern bei einem Intelligenztest. War ihnen bewusst, dass ihre Intelligenz auf dem Prüfstein stand, lagen ihre Leistungen deutlich schlechter, als wenn den Getesteten vorher nicht der Testinhalt bekannt war.

Manipulationen lauern überall. Jeder von uns ist für sie empfänglich, da sie an den Fallstricken unserer Psyche ansetzen. Wir können ihnen nur vorbeugen, indem wir uns klarmachen, wie sie funktionieren und wie leicht wir ihnen erliegen. Gerade in der Politik verstärkt oft unsere schon erwähnte Regressionsneigung unsere Anfälligkeit für Manipulationen. Wenn wir Angst haben, wütend sind oder uns in einer Sache nicht auskennen, vertrauen wir ganz automatisch anderen. Ein Politiker, der uns vertrauenswürdig erscheint, hat dann die besten Chancen, von uns gewählt zu werden. Weil er ehrlich ist oder weil er uns vorspielt, dass er ehrlich ist. Oder weil er die Quadratur des Kreises schafft und wie jüngst Donald Trump glaubhaft zu verstehen gibt, dass er nie behauptet hat, ehrlich zu sein. Also lügt er auch nicht, wenn er lügt, weil er ja nie behauptet hat, nicht zu lügen. Demnach ist er ehrlich.

In der Regression arbeitet die Psyche auf kindlichem Niveau. Das Gefühl herrscht vor, ist oft überschwänglich und anfällig für Schwankungen, der Verstand hingegen hat Pause. Wenig überraschend besteht das Ziel politischer Manipulation darin, uns gezielt in die Regression zu drängen. Wahlstrategen wissen nur zu gut, dass unsere Stimmungen unser Verhalten meist stärker beeinflussen als unsere bewussten Entscheidungen. Daher bestimmt oft nicht Überzeugung durch Inhalte, sondern emotionale Überrumpelung ihre Taktik.

Politisch geschulte Redner setzen am Gefühl an und suggerieren uns, dass sie einfache Lösungen für komplexe Sachverhalte haben. Durchschauen wir ihre Strategie nicht, dann unterliegen wir dem regressiven Sog und vertrauen ihnen aus dem Bauch heraus. Doch nicht nur das. Zugleich prägt sich uns besonders gut ein, was sie sagen. Denn Gefühle heben das Wesentliche hervor – dauert die letzte Spielminute nicht ewig? Sie sind das Schmieröl für das Lernen, weil sich in der Evolution bewährt hat, sich besonders gut einzuprägen, was intensiv gefühlsbesetzt ist – Gefahr oder die Aussicht auf eine besondere Belohnung wie gutes Essen oder Sex.

Wahlkampfreden von Politikern besonders vom Rand des politischen Spektrums sind ein offenes Buch über Manipulationstechniken. Weil viele ihrer Argumente nur bedingt mehrheitsfähig sind, müssen sie sie durch begleitende Emotionen und Kontexte so verkleiden, dass sie plausibel erscheinen. Wer schon ängstlich oder wütend ist, wird einem Redner beipflichten, der diese Gefühle in ihm anspricht. Im Zusammensein mit Gleichgesinnten schaukeln sich durch die Resonanz der Spiegelneuronen die Gefühle weiter hoch, bis der Verstand ganz in den Hintergrund gedrängt wird und die Zuhörer für jedes Argument zu haben sind. Dieser automatisch ablaufende Sog in die Massenmanipulation lässt sich noch beschleunigen, indem Argumente simplifiziert werden und ständige Wiederholung den Verstand zermürbt. Das führt zur Gewöhnung und schließlich in der emotionalen Gleichschaltung zur Akzeptanz. Auch Zeitdruck verstärkt die Regression. Wo real oder vermeintlich unmittelbares Handeln erforderlich ist, weil sonst die Katastrophe droht, wird aus dem Zeitdruck Gefühlsdruck, und der ist unangenehm. Wir wollen ihn loswerden und sind deshalb gerne bereit, die einfachen Lösungen anzunehmen, die uns angeboten werden, und hinterfragen gar nicht mehr, ob die Lösungen wirklich zum versprochenen Ergebnis führen. Ob es überhaupt stimmt, dass wir wieder Arbeit finden, wenn keine Flüchtlinge mehr ins Land gelassen werden. Ob es Gerechtigkeit geben wird, wenn die Großkonzerne verstaatlicht sind. Oder ob es notwendig ist, Bürgerrechte außer Kraft zu setzen, um gegen das Coronavirus vorzugehen.

Besonders empfänglich für einfache Lösungsvorschläge sind wir, wenn sie schon bestehende Gefühle in uns ansprechen wie

Neid oder Angst. Meist reicht schon die Möglichkeit, dass eine Gefahr existieren könnte, um uns empfänglich zu machen für Maßnahmen zu unserem Schutz.

Eine weitere Achillesferse unserer Psyche sind Schmeicheleien. Lob hört jeder gern, doch er bezahlt dafür mit Sympathie dem Lobenden gegenüber – und lässt sich dann von ihm das eine oder andere einreden.

Neben den Manipulationsstrategien, die am Gefühl ansetzen, gibt es auch noch Taschenspielertricks, mit denen sich unsere Fähigkeit, klar zu denken, kaum merklich verwirren lässt. Dazu gehören Verallgemeinerungen, Halbwahrheiten und unzutreffende Kausalverknüpfungen, das Aufblasen von Nebeninformationen, um das Eigentliche zu vertuschen, pauschale Wertungen und Entwertungen oder ein pseudointellektueller Anstrich, der mithilfe einer hochgestochenen Sprache den eigentlichen Inhalt unkenntlich macht und jeden, der zugibt, den Inhalt nicht zu verstehen, der Lächerlichkeit preisgibt.

Manipulatoren sind findig und kennen weitere offensichtliche oder subtile Wege, um unsere Meinung durch Augenwischerei zu beeinflussen. Wichtig ist, dass wir uns eingestehen, wie anfällig wir für ihre Manipulationen sind, einfach, weil die Arbeitsweise unseres Gehirns uns anfällig für sie macht. Haben wir den Eindruck, dass unser Gefühl etwas anderes will als unser Verstand, sollten wir kurz innehalten. Dann besteht eindeutig Klärungsbedarf. Dann sollten wir den Ursachen für diesen Widerspruch auf den Grund gehen, um letztlich eine Entscheidung so treffen zu können, wie wir sie wirklich treffen wollen. So beugen wir Manipulationen vor.

Die Gefahr der Masse

Wie sehr der Verstand durch den regressiven Sog heftiger Gefühle außer Kraft gesetzt wird und wie gerade Angst und Wut zusammenschweißen, belegen die extrem manipulativen Parteitage der Nationalsozialisten. Erschreckender Höhepunkt war die Rede von Joseph Goebbels am 18. Februar 1943 im Berliner Sportpalast. Der Reichspropagandaminister nutzte die Angst der Masse und heizte ihre Wut an, bis er ihr schließlich in einem tosenden Finale seine rhetorische Frage in den Saal entgegenschleudern konnte: »Wollt ihr den totalen Krieg?« Elektrisiert sprangen alle auf und brüllten enthusiastisch: »Ja!«

Weil das entscheidende Argument, das bei uns gegen eine direkte Bürgerbeteiligung am politischen Entscheidungsprozess angeführt wird, die Katastrophen der Nazizeit sind, ist es wichtig zu verstehen, welche psychischen Faktoren diese Katastrophe überhaupt erst möglich gemacht haben, weil ihnen nur so vorgebeugt werden kann – und eben nicht durch eine dauerhafte Machtbeschneidung des Volkes. Im Gegenteil würde dadurch die latent bestehende Wut in der Bevölkerung nur weiter forciert und damit einer Wiederholung des Unvorstellbaren Vorschub geleistet.

Wir haben bereits gesehen, wie im Stress das Gefühl regiert, wodurch die Psyche in eine Regression rutscht und Impulse statt Selbststeuerung dominieren. Verstärkt wird ein solcher Sog in die Regression, wenn andere Menschen uns umgeben, die bereits dem Rausch der Gefühle verfallen sind, weil wir mit ihren

Spiegelneuronen in Resonanz treten, uns unweigerlich von ihren Stimmungen anstecken lassen. Das gilt im Fußballstadion genauso wie damals bei der Rede von Goebbels im Sportpalast.

Um den regressiven Sog, der uns in einer Menschenmasse ereilt, wirklich begreifen zu können, ist es notwendig, den Blick auf eine frühe Phase unserer psychischen Entwicklung zu werfen. Besonders an Orten, an denen sich Verlockungen finden – Spielzeuggeschäfte, Eisdielen, Supermarktkassen –, lässt sich studieren, wie abrupt die Stimmung eines Zweijährigen kippt, wenn sein spontan einschießender Wunsch nach etwas Leckerem oder Schönen nicht umgehend erfüllt wird. Friedvolle Ruhe schlägt um in wütendes Geheul und Gezeter, gipfelnd in der theatralischen Verwünschung des diensthabenden Erziehungsberechtigten: »Ich hasse dich!« Auch wenn es zunächst überraschen mag: Was hier mit dem Kind geschieht, ist Lehrstoff für das Verständnis von Massenphänomenen.

Wie kommt es, dass sich der eben noch süße Engel durch eine winzige Frustration in einen tobenden kleinen Teufel verwandelt? Der Grund ist einfach: In jungen Jahren sind die Gefühle nicht ausgereift und entsprechend undifferenziert. So vollkommen wie die Liebe, schmusend an der Mutterbrust, ist auch das wütende Toben, wenn die Welt nicht mitspielt wie gewünscht. Das radikale Umschlagen der Gefühle angesichts frustrierender Ereignisse erfolgt in Sekundenbruchteilen, als würde ein Kippschalter umgelegt. Im lodernden Gefühlsextrem gibt es nur Schwarz oder Weiß, nur Liebe oder Hass. Abstufungen, also Grautöne, sind noch nicht entwickelt. Die gute und die schlechte Welt existieren säuberlich getrennt voneinander in kompromissloser, gespaltener Absolutheit. Psychoanalytiker nennen dieses Phänomen daher »Spaltung«.

Das Entscheidende an der Spaltung ist, dass diese psychische Eigenschaft, unter emotionaler Belastung in ein Schwarz-Weiß-Denken zu verfallen, auch jedem Erwachsenen erhalten bleibt.

Wer hierzu einen Selbstversuch wagen möchte, sollte sich einer kleinen Reisegruppe anschließen, einer Tour mit unbekannten Mitreisenden zu einem Ziel fernab von Pauschaltourismus und Luxusherbergen. Das Abenteuer lockt. Von euphorischer Erwartung getragen, lernt man einander kennen. Doch so schön die Umgebung auch sein mag, etwa ab dem dritten Tag kommt es zu Spannungen, weil eine Spaltung greift. Anfeindungen, Vorwürfe, versteckt oder offen, bestimmen das Tagesgeschehen. Die einen sind die Guten, die anderen die Bösen. Was passiert da?

Schuld an der offensichtlichen Spaltung innerhalb der Gruppe ist ein charakteristisches Zusammenspiel von Spiegelneuronen und Projektionen mit der folgenden Dynamik: Wenn einer aus der Reisegruppe aus welchem Grund auch immer Stress bekommt – wegen der Hitze, der langen Fahrt, des ungewohnten Essens – und sich deshalb gereizt fühlt, neigt er dazu, den Grund für seine Gereiztheit einem anderen zuzuschreiben. Derjenige, der zum Ziel des Ärgers wird, weiß erst einmal gar nicht, wie ihm geschieht. Unversehens fühlt er sich ungerecht behandelt, doch damit nicht genug. Weil seine Spiegelneuronen mit dem Ärger des anderen mitschwingen, wird er zusätzlich noch angesteckt von dessen Verdruss. Flugs scharen beide Verbündete um sich, frei nach dem Motto: »Wer nicht für mich ist, ist gegen mich.« Und schon greift eine Spaltung in der Gruppe, entstehen zwei Lager, die einander argwöhnisch gegenüberstehen und ihre Aggressionen auf die anderen projizieren, wodurch sich die Intensität der zugeschobenen Gefühle weiter hochschaukelt.

Wie wir alle aus der Alltagserfahrung wissen, funktioniert das Zuschieben von Gefühlen bereits bei zwei Beteiligten blendend, in einer Gruppe jedoch gelingt es wie von selbst, weil die Spiegelneuronen überfordert sind. Wenn jeder mit jedem in Resonanz tritt, führt das unweigerlich zur Verwirrung. Die unterschiedlichen zugeschobenen Gefühle ergeben kein einheitliches Bild – außer, wenn alle einer Meinung sind. Und so ist die Differenzierungsfähigkeit jedes Einzelnen schon nach kurzer Zeit überfordert, drängt es jeden zur Vereinfachung. Zugleich entsteht Stress, wodurch erst recht die Gefühle die Herrschaft übernehmen, und prompt ist sie da, die Spaltung.

Wenig überraschend eskaliert eine Spaltungstendenz in Großgruppen noch weitaus schneller und massiver. Allein schon die Unübersichtlichkeit der Menge fördert die Regression. Der Einzelne kann unmöglich erkennen, wer welche Position hat, und so zählt nur, wer auf wessen Seite steht. Wer nicht Freund ist, wird zum Feind. Psychologische Versuche mit Großgruppen, bei denen rund hundert Teilnehmer gemeinsam in einem Raum nichts weiter zu tun hatten, als einander zu beobachten, offenbarten, wie sich innerhalb kürzester Zeit Stress, Aggression und Angst ausbreiteten, Spaltungen das Geschehen beherrschten und massive Konflikte entstanden.

Der einzige Weg, eine solche Gruppe vor dem völligen Chaos zu bewahren, besteht darin, einen Feind »draußen« zu verorten. Indem die Spaltung aus der Gruppe heraus verlagert wird – wir gegen den Rest der Welt –, stabilisiert sich die Gemeinschaft. Meist sucht sich die Gruppe dafür einen Anführer, der die Spaltungstendenz kanalisiert, indem er einen äußeren Feind benennt, auf den er die aggressiven Gefühle der Gruppe lenkt. So auf ein gemeinsames Ziel gerichtet, feuern die Spiegelneuronen aller Anwesenden synchron und befeuern sich dadurch wechselseitig, bis ein rauschhafter Zustand alle im gemeinsamen Kampf gegen den Feind eint.

Nie wurden Spaltungen machtvoller, dramatischer und perverser inszeniert als in den Diktaturen des 20. Jahrhunderts. Auf ihren Massenveranstaltungen wurde der emotionale Boden bereitet für ihre unvorstellbaren Verbrechen. Die historischen, wirtschaftlichen und technischen Hintergründe gerade für den Aufstieg der Nationalsozialisten wurden detailliert aus unterschiedlichsten Perspektiven aufgearbeitet, und dennoch blieb am Ende die alles entscheidende Frage immer offen: Wie konnte das nur geschehen?

Aber sie lässt sich beantworten. Dann, wenn man den psychodynamischen Kern versteht, der das Undenkbare erst möglich machte: die Spaltung, für die jeder Mensch anfällig ist, wenn er durch ein entsprechendes emotionales Umfeld in den Sog der Regression gerät.

Spaltung im Labor

Wie dramatisch die Spaltung die bewusste Selbstkontrolle des Einzelnen in Gruppen und Massen aushebelt, belegt auch eines der bekanntesten psychologischen Experimente überhaupt, das Stanford-Prison-Experiment des US-amerikanischen Sozialpsychologen Philip Zimbardo. 1971 ließ Zimbardo Studenten, die laut psychologischer Testung friedfertig und harmlos waren, für 15 US-Dollar am Tag in einer lebensechten Versuchsanordnung Gefängnis spielen. Aus dem Spiel wurde innerhalb weniger Tage Ernst. Die Studenten identifizierten sich so sehr mit ihren Rollen, dass entwürdigende Erniedrigungen und handfeste Quälereien an der Tagesordnung waren. Was als Versuch mit klaren Regeln begonnen hatte, wandelte sich zu einer chaotischen Hölle. Je nach zugeteilter Rolle wurden die Studenten zu gänzlich empathielosen Sadisten, die ihre Gefangenen rücksichtslos quälten, oder sie wurden zu devoten Opfern, die ihren Peinigern nicht den geringsten Widerstand entgegenzusetzen vermochten. Alles geriet dermaßen außer Kontrolle, dass Zimbardo den Versuch vorzeitig abbrechen musste.

Was war geschehen? Hatte hier der Mensch sein wahres Gesicht gezeigt, seine machtbesessene und grausame Natur? War sie die Erklärung für die Gräueltaten der Menschheit, allen voran für den Holocaust? Muss folglich ein starker Staat uns in enge Grenzen weisen, weil wir andernfalls einander an die Gurgel gehen?

Zimbardo sah die Ursache für den von ihm so benannten Luzifer-Effekt im System selbst begründet. Seiner Ansicht nach waren die Unterwerfung unter starre, möglichst auch noch sinnlose Regeln und deren Rationalisierung (das muss so sein, weil …) sowie die ungewohnten Rollenzuschreibungen mit der Anonymität der Täter und der Entmenschlichung der Opfer verantwortlich für die ausufernde Gewalt in seinem gespielten Gefängnis.

Doch lassen sich vergleichbare Eigenschaften auch in anderen Systemen identifizieren, ohne dass ein entsprechendes Chaos entsteht. Oder findet nicht sogar beim Finanzamt die Unterwerfung unter starre, kaum nachvollziehbare, wenn nicht gar sinnlose Regeln und deren Rationalisierung statt, mit anonymen Finanzbeamten auf der einen und zahlenden Steuernummern auf der anderen Seite?

Die Kerndynamik im künstlichen Gefängnis von Zimbardo scheint weniger im System selbst, als in der dort inszenierten emotionalen Spaltung zu liegen. Allein die Grundstruktur des Gefängnisses aus Wächtern und Gefangenen definierte klar, wer gut und wer böse war, zwar gespielt, aber eindeutig festgelegt und realitätsnah inszeniert. Wie in Gruppen und Massen üblich, unterwarfen sich die Teilnehmer dem regressiven Sog der Spaltung, die zusätzlich verstärkt wurde durch die Rollenzuschreibung, durch die Unterwerfung unter eine angesehene und damit vertrauenswürdige Autorität – immerhin war Zimbardo Professor an der renommierten Stanford University – und durch den massiven Stress, den Schlafentzug, Gehorsamsübungen und andere Schikanen hervorriefen. Die Spaltung war überall. Wächter-Menschen standen entmenschlichten Gefangenen-Nummern gegenüber. Die einen befahlen, die anderen gehorchten. Die einen durften hinaus, die anderen waren eingesperrt. Diejenigen, die als Wächter auf einmal eine nie gekannte Macht spürten, gerieten zudem in den Strudel, die Grenzen ihrer Wirkmächtigkeit in der Freiheit ihrer neuen Rolle auszutesten: Wie weit kann ich gehen?

Durch die Selbstverstärkungstendenz des Denkens wurde dabei jede neu erklommene Sprosse der Gewalt schnell zur Normalität. Der Gruppenzwang tat ein Übriges, unterwarf jeden der Dynamik, nicht lockerzulassen, und trat einen regelrechten Wettlauf los, wer von den Wächtern noch perfider, noch gemeiner und noch sadistischer die gefangenen »Unmenschen« quälen konnte. Und die fügten sich, spielten mit wie Lämmer auf dem Weg zur Schlachtbank, obwohl ihnen freistand, jederzeit auszusteigen. Wie beim Stockholm-Syndrom waren sie psychisch gefangen in der regressiven Rolle willenloser Befehlsempfänger. Die verrückte Welt des Spiels wurde für alle Beteiligten zur Normalität. Die Realität außerhalb des Spiels schien für sie nicht mehr zu existieren. Ja, Zimbardo selbst geriet in den Sog der Spaltung, ohne zu wissen, wie ihm geschah. Sein Handeln entglitt seiner bewussten Kontrolle, und er geriet mit seiner damaligen Assistentin in heftigen Streit, ohne zu verstehen warum. Als der Versuch vorüber war, heiratete er sie.

Im Nachhinein zeigten sich die Teilnehmer schockiert darüber, wie weit sie sich in ihre Rollen hatten hineinziehen lassen. Fassungslos über sich selbst, gestand einer: »Warum hat keiner etwas gesagt, als ich begann, Menschen zu misshandeln?« Im Spaltungssog verloren die Teilnehmer im Versuchsgefängnis ihre bewusste Steuerung. Sie wurden zu Getriebenen ihrer unbewussten Impulse, die in der Resonanz ohne jeden Halt waren.

Erscheinen da nicht auf einmal die Folterer in den Gefängnissen von Abu Ghraib oder Guantánamo in einem verständlicheren Licht? Im Dauerstress des »Krieges gegen den Terror« war dort einer radikalen Spaltung der Weg bereitet. Die Wächter rutschten in menschenverachtende Verhaltensmuster hinein, weil sie weder wussten, wie ihnen geschah, noch die Notwendigkeit sahen, ihre aggressiven Impulse bewusst zu steuern – schließlich besaßen sie nicht die geringsten Kenntnisse von psychischen Zusammenhängen. Im Gegenteil. Ihr Verhalten schien mit dem politisch motivierten Hass konform zu gehen und daher geradezu erwünscht zu sein – was nicht heißen soll, dass es deswegen weniger zu verurteilen ist.

Die Nazi-Falle – aus der Geschichte lernen, aber richtig

Spaltung war die entscheidende psychische Triebkraft hinter den Gewaltexzessen der Nationalsozialisten. Und sie war es auch, die ihren Aufstieg erst möglich machte. Nationalsozialistisches Gedankengut konnte nur salonfähig werden, weil die Spaltungen der nationalsozialistischen Ideologie im damaligen regressiven Massenprozess der deutschen Zwischenkriegsgesellschaft auf fruchtbaren Boden fielen.

Spaltungen durchzogen schon die Gedankenwelt und die Inszenierungen von Hitler selbst. Überall gab es Idealisierung und Entwertung. Hunde- und Kinderfreund auf der einen, herzloser Massenmörder auf der anderen Seite. Hier die Arier, da die Juden. Hier Deutschland, da der Rest der Welt. Hier der Anspruch kultureller Größe, da der moralische Bankrott. Die Liste ließe sich fortsetzen. Selbst die so absurd anmutende biedere Normalität vieler Nazigrößen wird durch das gespaltene Nebeneinander von aggressionsgehemmter Angepasstheit einerseits und explosiver Brutalität andererseits nachvollziehbar. Da überrascht es nicht mehr, wenn Adolf Eichmann, einer der Hauptverantwortlichen für die Deportationen der Juden, von der Politologin Hannah Arendt anlässlich seines Prozesses in Jerusalem 1961 mit den Worten beschrieben wurde, dass man ihm »beim besten Willen keine teuflisch-dämonische Tiefe abgewinnen« könne. Gerade das betont Normale des Trivialen war die eine Seite der Spaltung, auf deren anderer Seite das Extrem des systematischen Massenmörders und menschenverachtenden Kriegstreibers lauerte.

Zu verstehen, dass der Nationalsozialismus auf massiven psychischen Spaltungen beruhte, erklärt sowohl das Wesen dieser Ideologie und ihrer Anführer als auch die Faszination, die sie in der Zeit der Weimarer Republik auf die Bevölkerung ausüben konnte. Denn beide Seiten der Spaltung trafen genau das emotionale Bedürfnis vieler Menschen. Der Große Krieg war verloren, das Kaiserreich lag in Scherben, der Stolz im Staub, die Reparationszahlungen brachten Inflation. Wenige Jahre später kamen mit der Weltwirtschaftskrise Firmenzusammenbrüche, Massenarbeitslosigkeit und politische Unruhen. Da wurde das Biedere zur Projektionsfläche für die Sehnsucht nach Wiederherstellung von Normalität, während die hassgeladene Ideologie als Auffangbecken für die massiv aufgestauten Aggressionen diente.

Die ins Extrem gespaltene Ideologie der Nationalsozialisten fand in der Zwischenkriegszeit Gehör, weil ihr bereits durch eine von Angst und Wut aufgeladene Stimmung in der Bevölkerung der regressive psychische Teppich ausgerollt worden war. Die Existenzängste in der Wirtschaftsmisere, die Demütigungen durch den verlorenen Krieg und der Machtverlust früherer Eliten schufen erst das Klima, in dem die aggressiv aufgeheizten Propagandareden von Hitler und anderen Nazigrößen gehört wurden. Sie und ihre Mitstreiter verstanden es, einen Feind im Äußeren zu definieren und damit die Masse als »ein Volk« im Inneren zusammenzuschweißen. In ihrer emotionalen Wirkung verschärft wurden Demütigungen, wirtschaftliche Existenzbedrohung und politische Unsicherheit noch durch eine massive psychische Traumatisierung weiter Teile der Bevölkerung.

Psychische Traumata haben dauerhaft abgespaltene Gefühle zur Folge, weil massive Angst und Aggression aus dem erlebten Trauma unverarbeitet im Unbewussten schlummern und jederzeit abrufbar sind. Sie waren zum Zeitpunkt des Traumas zu heftig, um verarbeitet werden zu können. Durch einen Trigger brechen sie selbst Jahre später plötzlich hervor, kann beispielsweise das Licht von Scheinwerfern die Todesangst eines überstandenen Autounfalls lostreten. Wegen der abgespaltenen heftigen Gefühle ist, wer massive psychische Traumata erlebt hat, besonders anfällig für Spaltungen.

Genau das war in der deutschen Bevölkerung der Zwischenkriegsjahre millionenfach der Fall. Hunderttausende Kriegskrüppel, Kriegswitwen und Kriegswaisen waren im Straßenbild der Städte allgegenwärtig, führten jedem die physischen Auswirkungen des verlorenen Krieges permanent vor Augen und triggerten dadurch die psychischen Traumata, die auch viele körperlich Unversehrte erfasst hatten, allen voran die Soldaten, die jahrelang im zermürbenden Stellungskrieg in den Schützengräben Unvorstellbares erlebt hatten. Romane wie Erich Maria Remarques *Im Westen nichts Neues*, die die Schrecken des Stellungskriegs schilderten, wurden innerhalb kürzester Zeit zu Bestsellern. Erst recht verstärkt wurde die Spaltung durch die Kränkung über den verlorenen Krieg, die Schuld gegenüber den Kriegsopfern und die Ungerechtigkeit der Reparationszahlungen. Was bei vielen blieb, war ein wütendes Gefühl von Sinnlosigkeit. Warum das Ganze, wenn es nichts gebracht hatte?

Genau an den unbewussten Spaltungen der vom Krieg Traumatisierten setzten die Propagandareden von Hitler und Goebbels an. Zielsicher bedienten sie das Trauma der gekränkten Masse mit dem Versprechen nach einem Wiederauferstehen in neuem Glanz. Nicht nur kanalisierten sie den abgespaltenen tiefen Hass auf einen äußeren Feind, der zum Bösen an sich stilisiert wurde, sondern zugleich köderte ihr gespaltenes Weltbild auch mit der Belohnung unsterblicher Größe und glorreichen Ruhmes.

Wirkungsvoll unterstützt wurde die Verbreitung der Ideologie durch höchst effektreich inszenierte Massenveranstaltungen. Sie folgten einer strengen Dramaturgie, um die Masse mit ganzer

Macht in den regressiven Sog des gespaltenen Weltbilds hineinzutreiben. Stundenlanges Warten und endlose Wiederholungen von bekannten, mantraartig vorgebeteten Floskeln betäubten das eigene Denken. Der durch die Langeweile aufkommende stille Frust der Wartenden wurde durch emotionale und martialische Musik aufgefangen. Vertraute Symbole schweißten die Masse zu einem Heer Gleichgesinnter zusammen. Das gemeinsame Gefühl, das Wir gegen den Feind da draußen, ließ angesichts der sämtliche Sinne betäubenden Inszenierungen keinen Raum mehr für differenziertere Betrachtungen und damit für die Arbeit des Verstands.

Mit der Machtergreifung begann ein Prozess der schrittweisen Gewöhnung. Von Eskalationsstufe zu Eskalationsstufe wurde die Bevölkerung immer stärker in die Regression getrieben. Je mehr der nationalsozialistische Terror griff, desto wirksamer wurde paradoxerweise die Propaganda, weil sich in der Bevölkerung Angst und Wut ausbreiteten und dadurch in einem kollektiven Stockholm-Syndrom die Regression und damit das Zusammenrücken aller unter ihrem »Führer« verstärkten.

Die Willkür des jederzeit jeden bedrohenden Staatsterrors hielt die Angst konstant aufrecht. Der Krieg tat sein Übriges. Als die Bombenangriffe den Krieg aus den anfänglichen Eroberungen in der Ferne mitten in die Gesellschaft hineintrugen, kamen die regressiven Massenprozesse niemals mehr zum Stillstand. Die Spaltung wurde ins absolute Extrem radikalisiert. Aus dem einen Feind wurden mehrere, aus mehreren ganz viele, und die Spaltung steuerte auf ein paranoides Finale zu, in dem jeder, der anders war, zum Feind deklariert wurde: »Wir gegen den Rest der Welt.« Wer nicht der »richtigen« Seite angehörte, wurde vernichtet. Wer dem »Führer« folgte, war bereit, sein Leben für ihn zu opfern – bis zum bitteren Ende. Als dann im drohenden Untergang niemand mehr übrig war, der die absurden Ansprüche der gespaltenen Ideologie erfüllen konnte, weil der versprochene Sieg der überlegenen Rasse ausblieb, war der psychisch konsequente letzte Akt die autoaggressive Selbstauslöschung der Führungselite.

Die sozialen, wirtschaftlichen und politischen Faktoren, die am Aufstieg und an der Machtfülle der Nationalsozialisten beteiligt waren, wurden umfassend herausgearbeitet, doch der eigentliche Motor, der ihren Erfolg begründete, war ein anderer, ein psychologischer. Er bestand im Aufeinandertreffen der von aggressiv aufgeladenen Spaltungen geprägten Ideologie und den unbewussten Bedürfnissen der in der Weimarer Republik schwer gekränkten und traumatisierten Masse. Im konsequenten Einsatz von ideologischen Spaltungen war der Aufstieg der Nationalsozialisten exemplarisch wie kaum ein anderer.

Erst wenn wir begreifen, wie entscheidend Spaltungen für das Entstehen radikaler Ideologien und für ihren Erfolg verantwortlich sind, können wir ihnen wirksam vorbeugen. Dazu sollte sich jeder von uns seiner eigenen Spaltungsneigung und der Umstände, die ihn dahin drängen können, bewusst sein. Das Wissen um diese eingebaute Schwachstelle unserer Psyche hilft, dass wir Spaltungen entlarven, wenn sie ihren Sog auf uns ausüben. Es mahnt uns, skeptisch zu sein, wenn uns jemand einfache Lösungen für komplexe Probleme anbietet. Die Welt lässt sich in ihrer Vielschichtigkeit nicht auf einfache Schwarz-Weiß-Schablonen reduzieren, doch genau die bieten die Ideologen von den politischen Rändern. Wer radikalen Hetzern wirksam begegnen will, muss die Spaltungen ihrer Ideologie offenlegen und das Entstehen von emotionalen Massenprozessen verhindern.

Vorsicht: Ideologie

Die Nazizeit hat nicht nur exemplarisch und grauenvoll offenbart, wie fatal die Macht psychischer Spaltung in der Dynamik von Massenprozessen vor allem bei traumatisierten Massen ist, sondern auch, wie sehr radikale Ideologien zum Öl im Feuer der Spaltung werden. Gute Politik ist in der Lage, anstehende Probleme erfolgreich zu lösen. Dazu benötigt sie einen gesunden Pragmatismus. Ideologien stehen einem solchen Pragmatismus im Wege. Daher sollten wir ihnen mit Skepsis begegnen.

Ideologien fußen auf Behauptungen. Um überprüfen zu können, ob sie zutreffen oder nicht, ist es hilfreich, die allgemeingültigen Kriterien zu kennen, die ein Urteil darüber erlauben, ob eine Behauptung wahr ist oder falsch. Denn nur so lassen sich Ideologien entlarven als das, was sie meist sind, abstruse Fehlkonstruktionen, die simple Lösungen für komplexe Fragen anbieten und damit das Bedürfnis nach Stimmigkeit vor allem dann bedienen, wenn der Verstand durch erhitzte Gefühle auf Sparflamme köchelt.

Ob eine These die in der Welt gültigen Regeln abbildet oder nicht, entscheidet sich an der Frage, ob sie sich verlässlich in der Wiederholung unter gleichen Bedingungen bestätigen lässt, idealerweise in einem Versuch mit einer festgelegten Versuchsanordnung, bei der immer dasselbe Ergebnis herauskommt. Gelingt das, ist die These wissenschaftlich belegt.

Wissenschaft dient dazu, das von uns Menschen angesammelte Wissen auf seine Berechtigung hin zu überprüfen und zu systematisieren. Den Naturwissenschaften kommt dabei die Aufgabe zu, verlässlich wiederholbare und damit wahrscheinlich zutreffende Aussagen über die materielle Welt zu entdecken. Solche Regeln zu erkennen und anschließend ihren Nachweis unter streng vergleichbaren Versuchsanordnungen ausreichend oft zu wiederholen ist allerdings enorm aufwendig. Daher arbeitet die Naturwissenschaft langsam, und nicht selten muss man sich damit abfinden, dass am Ende der Zufall das Sagen hat und keine strengen Naturgesetze gefunden werden. Im Gegensatz dazu lassen sich unwissenschaftliche Behauptungen und pseudowissenschaftliche Zusammenhänge schnell aus dem Hut zaubern und außerdem in unbegrenzter Vielfalt finden oder – besser gesagt – erfinden. Und so kann »ein Esoteriker in fünf Minuten … mehr Unsinn behaupten, als ein Wissenschaftler in seinem ganzen Leben widerlegen kann«, wie es der Kabarettist Vince Ebert zutreffend formuliert hat.

Anders als die Naturwissenschaften ordnen die Geisteswissenschaften die immaterielle Welt, also alles von uns Menschen Erdachte und Denkbare. Sie öffnen damit den Raum für das kreative Neue, für die enormen Weiten des menschlichen Geistes. Ihnen kann es daher nicht um absolute Wahrheiten gehen – schließlich sind die unserem Geist nicht zugänglich.

Beide Wissenschaftsrichtungen arbeiten an der Vermehrung und Systematisierung von Wissen. Und dennoch sind beide ihrem Ansatz nach grundverschieden, was in Diskussionen gerade an der Schnittstelle von Gehirn und Geist gelegentlich zu grundlegenden Missverständnissen zwischen den Diskutanten führt, wiewohl beide Wissenschaftssysteme aufeinander angewiesen sind. Eine Naturwissenschaft, die die geisteswissenschaftlichen Regeln streng geordneter Denkabläufe ignoriert, läuft Gefahr, vermeintlich bewiesene Wahrheiten dort zu sehen, wo nach aktuellem Forschungsstand allenfalls vorläufige Annahmen möglich sind und womöglich gar keine kausale Verknüpfung existiert. Was für eine fatale Macht ein Missbrauch vermeintlicher naturwissenschaftlicher

Erkenntnisse in der Politik entfalten kann, haben die Rassentheorien der Nationalsozialisten grausam vor Augen geführt.

Umgekehrt droht einer Geisteswissenschaft, die naturwissenschaftliche Erkenntnisse ignoriert, dass sie sich in unbrauchbaren Schlussfolgerungen verrennt. Die Herleitungen sind zwar in sich schlüssig, aber dennoch unsinnig, weil ihnen eine falsche Prämisse zugrunde liegt. Vor allem logische Beweisführungen, die ausschließlich auf den Gedanken früherer Denker gründen, laufen Gefahr, von einer falschen Prämisse auszugehen. Weil schon der gute alte A gesagt hat, dass die Wahrheit so aussieht, wird alles Weitere von seinem Standpunkt aus entwickelt, ohne dass jemand auf die Idee kommt, einmal nachzuprüfen, ob sich der gute alte A nicht in seiner Annahme womöglich geirrt hat.

Folgenreiche Beispiele solcher falschen Prämissen finden sich häufig in der Politik, wenn Fanatismus als unumstößliche Wahrheit verordnet und zur apodiktischen Grundlage aller Entscheidungen erklärt wird. Im Namen der Religion wurden und werden Millionen Menschen umgebracht. Doch auch ohne Religion wird politisch gemordet. Etwa wurden unter Pol Pots Herrschaft in Kambodscha systematisch alle Brillenträger liquidiert, da sie, mit dem Ruch behaftet, intellektuell zu sein, dem Ideal des einfachen Arbeiters und Bauern in der steinzeitkommunistischen Ideologie der Roten Khmer entgegenstanden. Letztlich fußt jede radikale Ideologie auf einem Wahrheitsanspruch, der keiner naturwissenschaftlichen Beweisführung standhalten würde. Weil der Glaube an absolute Wahrheiten jedoch unser Streben nach Kohärenz befriedigt, findet er Anhänger.

Politik sollte sich vor Ideologien hüten. Vielmehr muss sie sich pragmatisch in der Lösung von Problemen bewähren. Das heißt nicht, dass sie auf langfristige Perspektiven verzichten soll. Allerdings sollten ihre Zielvorgaben sich flexibel an den Herausforderungen der Lebenspraxis orientieren und nicht an der engstirnigen Verbohrtheit starrer Ideologien.

Überwindung der Masse

Immer wenn Angst und Wut den politischen Alltag beherrschen, besteht die Gefahr von regressiven Massenprozessen und den mit ihnen einhergehenden Spaltungen. Dieser psychischen Realität müssen wir uns stellen. Allerdings durch bewusste Einsicht und nicht durch Angst, weil Angst die Spaltung nur weiter fördert.

Doch anstatt in der Gesellschaft ein Bewusstsein für Massenprozesse zu schaffen, um ihnen dadurch vorzubeugen, wurde bei uns als Lehre aus den Erfahrungen der Weimarer Republik die Konsequenz gezogen, die Bürger in weiten Teilen pauschal zu entmündigen. Die Macht ging an die Parlamentsabgeordneten als Repräsentanten des Volkes, die mit wenigen Ausnahmen jedoch diese Macht faktisch an ihre Parteien abgeben, denn wer sich nicht der Parteiräson unterwirft, verschwindet von der Liste und damit aus dem Parlament.

Die Bürger fühlen sich von ihren Abgeordneten entfremdet, weil nicht sie, sondern anonyme Parteiapparate entscheiden, wer welchen Posten bekommt. Innerparteiliche Vernetzung setzt den Willen der Bürger außer Kraft, deren Meinung allenfalls beiläufig im Schielen auf Umfragewerte Rechnung getragen wird. Als Folge davon sind die Bürger zunehmend frustriert und wütend, und das System, das in bester Absicht zum Schutz vor Massenprozessen aufgebaut wurde, erreicht paradoxerweise das genaue Gegenteil. Schließlich ist Wut genauso wie Angst Schmieröl für das Entstehen von Massenprozessen. Wenn Grundbedürfnisse mündiger Bürger systematisch ignoriert werden, verfehlt dadurch die gut gemeinte Strategie der indirekten Demokratie ihr eigentliches Ziel.

Zugleich bildet sich in den nach außen hin abgeschotteten Parteizirkeln eine eigene Kaste von Berufspolitikern heraus, denen es im Strudel ihres Vollzeitberufs immer schlechter gelingt, den Kontakt zu den Bürgern aufrechtzuerhalten, um ihnen zumindest das Gefühl zu vermitteln, sie würden gehört.

Statt sich den Bürgern zuzuwenden, greifen Politiker der alteingesessenen Parteien als Reaktion auf die Wut vieler Bürger zur moralischen Keule, was jedoch deren Wut nur weiter anheizt. Schritt für Schritt regiert so nur noch das Gefühl und wird jeder vom Verstand gesteuerten Auseinandersetzung durch Argumente der Boden entzogen. Radikalen Hetzern hingegen wird es leicht gemacht, Gehör und Verständnis zu finden. Sie greifen die Wut der Bürger auf und können auf legitime Gründe für deren Entrüstung verweisen, die sie dann sogleich mit ideologischen Versatzstücken anreichern. Erfolg haben sie damit nur, weil sich die etablierten Parteien immer noch einig sind in ihrer Ablehnung einer direkten demokratischen Mitbestimmung der Bürger. Wer anders denkt, wird mit moralischen Zurechtweisungen diskreditiert, was gerade in Deutschland angesichts der Nazigräuel leicht und selbstverständlich zu legitimieren ist. Doch verfehlt diese Strategie ihr Ziel, weil sie eben Wasser auf die Mühlen der Wütenden ist, anstatt an den Ursachen der Wut anzusetzen und dadurch Spaltung und Radikalisierung das Wasser abzugraben.

So berechtigt der Verweis ist, dass sich die Naziverbrechen nie wiederholen dürfen, so sehr ist die Instrumentalisierung dieser moralischen Selbstverständlichkeit ein Hinweis darauf, dass bislang selbst in den Nachfolgegenerationen des Holocaust keine echte Überwindung der historischen Katastrophe gelungen ist. Täter und Opfer sind immer noch in einer Sonderbeziehung aneinandergekettet, die hinausgeht über die moralische und historische Verantwortung, alles zu tun, um einen vergleichbaren Wahnsinn in Zukunft zu verhindern. Nicht Verantwortung und Vorbeugung, sondern Schuld ist weiterhin das dominierende Gefühl in den Nachfolgegenerationen der Täter und Opfer. Allerdings besteht genau darin ein gefährliches Risiko. Weil Verantwortung mit Schuld verwechselt wird, empfinden es die Nachfolgegenerationen der Täter als ungerecht, eine Schuld für Taten anerkennen zu müssen, die sie selbst gar nicht begangen haben.

Zugleich zementiert das Verharren in der Position von Schuldigen und Opfern – so verständlich es aus der Position der Opfer auch ist – eine unbewusste Spaltung, bei der die Bösen und die Guten einander unüberbrückbar gegenüberstehen. Die Beziehung zwischen Tätern und Opfern bleibt dadurch emotional aufgeladen, mit der Gefahr, dass alte Gefühle eines Tages aufs Neue hochkochen können.

Verschärft wird diese Gefahr durch den Umstand, dass es aufgrund der beharrlichen Spaltung erst langsam möglich wird, die massiven Traumata und die aus ihnen verbliebenen Gefühle ins Bewusstsein zu rufen, denen die damaligen Täter ausgesetzt waren, als das »Tausendjährige Reich« unerwartet schnell in Scherben fiel. Fronteinsätze, Bombennächte, Gefangenschaft und Vertreibung hinterließen Spuren, deren Benennung lange reflexartig den Verdacht weckte, das eine mit dem anderen aufrechnen zu wollen, um so die Naziverbrechen zu relativieren. Doch haben auch diese Traumata abgespaltene Gefühle hinterlassen, insbesondere wieder Angst und Wut, wobei die Wut von Schuldgefühlen überlagert wird.

Vor diesem Hintergrund wurde die deutsche Politik international lange als angstbesetzt wahrgenommen, so sehr, dass der Begriff der »German Angst« geprägt wurde. Gefährlicher als die unterdrückte Angst ist jedoch sicher die abgespaltene Aggression der als Täter Gebrandmarkten. Zwar wird sie durch deren Schuldbekundungen verleugnet, ist aber unbewusst durch die eigenen Traumata aufgeladen, weshalb sie aus nichtigen Anlässen schlagartig hervorbrechen kann.

Als werde die Büchse der Pandora geöffnet, zeigten sich offen ausgrenzende rassistische und revanchistische Stimmungen, als der inzwischen ausgeschlossene SPD-Politiker Thilo Sarrazin 2010 die Absonderlichkeit eines vermeintlichen »Juden-Gens« in die Diskussion warf. Obgleich er damit allenfalls bezeugte, wie wenig er von Genetik versteht, fielen die Reaktionen ausnahmslos heftig aus. Nicht weil zutraf, was er sagte, sondern weil er den Finger in die Wunde unverarbeiteter Gefühle als Folge nicht integrierter Traumata legte, erkennbar an den gespaltenen Reaktionen – Beifall und Entsetzen –, die er damit provozierte.

In völlig gegenteiliger Absicht, nämlich in dem Versuch, die bestehende Spaltung zu überwinden, erntete der argentinisch-israelische Dirigent Daniel Barenboim Stürme der Entrüstung, als er Werke Richard Wagners in Israel zur Aufführung brachte. Indem er die weiterhin unverarbeiteten Gefühle an die Oberfläche kommen ließ, schuf er mit seiner auf Integration angelegten Symbolhandlung allerdings anders als der Provokateur Sarrazin die Möglichkeit, sich ihnen zu stellen. Nur indem Gefühle identifiziert und anerkannt werden, können sie an die heutige so ganz andere Situation angepasst und dadurch aufgelöst werden – ein in jedem Fall langwieriger Prozess, der aber mithilfe solcher symbolischen Akte angestoßen werden kann.

Eine echte Verarbeitung abgespaltener Gefühle und damit eine Überwindung ihrer latenten Sprengkraft kann nur gelingen, wenn die Gefühle eben nicht verleugnet, sondern offen erkannt werden, weil nur dann der Verstand eine Chance hat, die Gefühle an der Realität zu messen. Ich habe beschrieben, wie Gefühle in unserem Gehirn ganz schnell entstehen und Handlungsimpulse setzen, während der Verstand deutlich schwerfälliger arbeitet und wo nötig den Impuls hemmen kann. Erst das Gefühl, dann der Verstand. Diese einfache, aber weitreichende Konsequenz aus dem funktionellen Aufbau unseres Gehirns hat zur Folge, dass Gefühle unwillkürlich entstehen und sich deshalb nicht verbieten lassen, weil der Verstand, der allein Verbote aussprechen kann, dazu viel zu langsam ist. Nur die aus einem Gefühl entspringenden Handlungsimpulse können gehemmt werden, das zugrunde liegende Gefühl selbst jedoch nicht.

Damit ist es unmöglich, in Spaltungen begründete Gefühle zu verbieten. Allerdings ist es sehr wohl möglich, sie zu durchschauen und sie dadurch unter die Kontrolle des Verstands zu bringen. Wenn Gefühle, deren Ursache in der Vergangenheit liegen, ihrem wirklichen Ursprung in vergangenen Geschehnissen zugeordnet werden, verlieren sie in der Jetztzeit ihre Bedeutung, weil erkennbar wird, dass sie längst nicht mehr angemessen sind. Dazu ist es jedoch unerlässlich, die wahren Ursprünge der Gefühle bloßlegen und benennen zu dürfen, weil sie anderenfalls fälschlicherweise auf eine aktuelle Situation projiziert werden.

Da verwundert es nicht, wenn radikale politische Positionen fast immer veralteten und längst überholten Konzepten entspringen, die von nostalgischen, unaufgelösten Gefühlen gespeist werden, und sich bei näherer Betrachtung hinter jeder von ihnen eine Spaltung findet. Um unsere demokratischen Grundwerte vor ihnen zu schützen, ist es entscheidend, diese Spaltungen zu entlarven und zugleich unsere eigene Verführbarkeit zu kennen. Denn nur über den Verstand, über die bewusste Kenntnis von den Fallstricken unserer Psyche, können wir uns dem Sog eines regressiv spaltenden Umfelds widersetzen.

Besondere Anfälligkeit für Spaltung

Schwieriger fällt das Menschen, deren Psyche bereits unter normalen Bedingungen an einer Spaltungstendenz festhält, weil ihre psychische Entwicklung in Teilen auf der Entwicklungsstufe eines Kleinkinds stehen geblieben ist. Auch hierfür hat die Psychoanalyse einen Begriff kreiert, der inzwischen im allgemeinen Sprachgebrauch angekommen ist: die Borderline-Struktur. Für Menschen mit einer psychischen Borderline-Struktur existiert die Welt wie bei einem Kleinkind fast ausschließlich in Schwarz und Weiß. Sie sind impulsiv und intensiv sowohl in ihrer Liebe als auch in ihrem Hass, wobei die Gefühlsextreme in Windeseile umschlagen können, ganz so wie bei einem Zweijährigen.

Weder kommt das selten vor, noch ist es für die Betroffenen notwendigerweise ein größeres Problem. Zwar wird ihr Beziehungsleben von den Gefühlsextremen und den oft abrupten Stimmungswechseln strapaziert, doch kann die Absolutheit, mit der sie ihre Überzeugungen vertreten, durchaus in bestimmten Bereichen von Vorteil sein, gerade in der Politik an den Rändern des politischen Spektrums. Als Anführer radikaler Ideologien finden sich daher fast immer Menschen, deren Weltbild von Extremen beherrscht wird, die also bei näherer Betrachtung eine Borderline-Struktur ihrer Psyche besitzen dürften. Erfolg haben sie damit, wenn sie ein Umfeld vorfinden, das bereits emotional aufgeladen ist, wenn also die Spaltungsneigung ihrer radikalen Ideologie auf eine zur Spaltung bereite Bevölkerung trifft.

Hitlers gespaltene Weltsicht passte, wie wir gesehen haben, perfekt in seine Zeit, weil er selbst von Gefühlen beherrscht wurde, wie sie die Menschen im Deutschland der Weimarer Republik ebenfalls in großer Zahl empfanden. Überspitzt formuliert waren Hitlers psychische Borderline-Struktur und sein Aggressionsproblem der Schlüssel zum Schloss der aufgestauten Wut der damals frustrierten Masse. In diesem Zusammenspiel von Persönlichkeitsstruktur und Massenpsychologie ist das Phänomen Hitler keineswegs einzigartig. Auch heute finden Politiker mit einer Borderline-Struktur dort Gehör, wo sich in der Bevölkerung Frust anstaut. Weltweit.

Aber wie kommt es, dass manche Menschen in ihrer psychischen Entwicklung ein Stück weit ewig Kleinkind bleiben? Eine Möglichkeit besteht darin, dass ihre Eltern aufgrund ihrer eigenen Lebensgeschichte selbst in ihrer Psyche zu Spaltungen neigen und ihre eingeschränkte Differenzierungsfähigkeit auf ihre Kinder übertragen. Das kommt keineswegs selten vor, allerdings dürfte die entscheidende Ursache für eine dauerhafte psychische Spaltungstendenz meist eine andere sein: psychische Traumata.

Wie ich beschrieb, entsteht ein psychisches Trauma durch ein Ereignis, bei dem die dadurch ausgelösten schmerzhaften Gefühle zu heftig sind, um sie im Moment des Ereignisses aushalten, geschweige denn verarbeiten zu können. Es handelt sich also um einen psychischen Ausnahmezustand.

Die Natur kennt nur drei Reaktionsmuster auf existenzielle Bedrohungen: Kampf, Flucht und Totstellreflex. Ein psychisches Trauma droht dann, wenn Kampf oder Flucht unmöglich sind und nur der Totstellreflex bleibt. In diesem Fall gerät der Körper in eine Stresskrise und setzt zum Selbstschutz Endorphine und Morphium frei, die stärksten bekannten Schmerzmittel überhaupt. Der Körper versetzt sich also in einen hausgemachten Drogenrausch, um die Krise zu überstehen. Regelrecht benebelt geht der Betroffene auf Distanz zu sich selbst, betrachtet sich wie von außen, ohne dabei etwas zu empfinden. Folteropfer berichten das. Genauso Patienten, die während einer Operation zu Bewusstsein kamen, weil die Narkose kurzzeitig versagte und sie den Eindruck hatten, sie schwebten über dem Operationstisch und konnten dabei zusehen, wie die Ärzte ihrer Arbeit nachgingen. Man bezeichnet das psychische Phänomen der Distanz zu sich selbst als Folge der Selbstschutzaktivierung als Dissoziation.

Während einer solchen Dissoziation wird das eigene Erleben getrennt von den daran beteiligten Gefühlen, vor allem von Angst und Panik. Die existieren zwar, bleiben aber unbewusst und werden im Unbewussten als abgespaltene Erinnerungen wie in einem Tresor dauerhaft abgespeichert. Durch einen Trigger, eine Erinnerung, die mit dem Trauma verbunden ist, springt der Tresor plötzlich auf, und die Gefühle brechen unvermittelt mit aller Wucht hervor. Ein Eindruck, ein Geräusch, selbst ein Geruch kann so zum Auslöser für einen Nervenzusammenbruch werden, zu einem abrupten Umschlagen der Gefühle, ganz so wie es für eine Spaltungsneigung charakteristisch ist. Deshalb sind psychische Traumata häufig die Ursache für eine verbliebene Borderline-Struktur.

Im Extremfall kommt es bei schweren psychischen Traumata sogar zu einem zeitweiligen völligen Versagen der Informationsspeicherung im Gehirn. Verantwortlich dafür ist das Stresshormon Cortisol, das zur Mobilisierung der Körperreserven in der Stresskrise ausgeschüttet wird und direkt in die Steuerung der für die Gedächtnisspeicherung zuständigen Gene eingreift. Schwere Traumata können daher zu regelrechten Defekten im Informationsverarbeitungszentrum der Hirnstruktur führen. Das traumatische Ereignis selbst wird dadurch vergessen, doch die Gefühle aus dem Trauma bleiben im psychischen Tresor präsent und können eben durch einen mit dem Trauma verbundenen Trigger scheinbar grundlos an die Oberfläche geschwemmt werden. Wenig überraschend leidet darunter die Stressverarbeitungskapazität und nimmt daher die Anfälligkeit für psychische Erkrankungen und Sucht zu.

Doch von einem Trauma bleiben nicht nur die Gefühle unbewusst gespeichert. Auch die am Trauma beteiligten Handlungen werden dauerhaft als Handlungsmuster gelernt. Opfer zwischenmenschlicher Traumata laufen daher Gefahr, selbst zu Tätern zu werden. Obwohl sie bewusst meist alles tun würden, um andere vor Vergleichbarem zu schützen, sind Handlungsmuster und Gefühle des Traumas in ihrem Unbewussten eingebrannt. Unbewusst streben sie danach, das Geschehene ungeschehen zu machen, indem sie wieder zum Trauma zurückkehren, allerdings diesmal nicht in der passiven Rolle des Opfers.

Einem Ex-Soldaten, der zusehen musste, wie seine Kameraden im Feuergefecht getötet wurden, drängte sich immer wieder die Fantasie auf, selbst zur Waffe zu greifen und ein Blutbad anzurichten. Das abgespaltene Gefühl – hier die Aggression – drängte zum erlebten Handlungsmuster. Nur die Rollen wurden getauscht. Er, der als Zeuge zum Opfer geworden war, wurde in seiner Fantasie selbst zum Täter. Die im Trauma fixierte Spaltung in Opfer und Täter schlug im Rollentausch um.

Die Opfer-Täter-Falle

Das Opfer, das zum Täter wird. Was dem gesunden Menschenverstand zutiefst widerstrebt, erklärt sich durch diese Dynamik der unbewussten Spaltung als Folge eines psychischen Traumas. Im abrupten Hervorbrechen der alten Gefühle werden Opfer von Gewalt, von Missbrauch und Misshandlung, fatalerweise nicht selten selbst zu Tätern und geben so das Trauma von einer Generation an die nächste weiter. Das Trauma bleibt dadurch lebendig. Das erklärt die immer wieder aufflackernden Missbrauchsskandale in kirchlichen und anderen Einrichtungen.

Doch auch Soldaten, die von Missionen in Krisenregionen heimkehren, oder Flüchtlinge, die aus Kriegsgebieten bei uns Aufnahme finden, sitzen oft unfreiwillig und hilflos in Opfer-Täter-Fallen fest. Opfer psychischer Traumata benötigen eine angemessene psychotherapeutische Behandlung, um so der Gefahr einer Weitergabe ihrer Traumata vorzubeugen. Dafür Strukturen bereitzustellen ist eine unmissverständliche Forderung an die Politik – eben nicht nur als Hilfe für die Opfer, sondern auch zum Schutz aller anderen.

Vor allem Traumata in der frühen Kindheit führen dazu, dass die Spaltung als stabiles Grundmuster in der psychischen Struktur verankert bleibt. Entwicklungspsychologische Forschungen belegen, wie dadurch weite Bereiche der psychischen Entwicklung dauerhaft beeinträchtigt werden. Das betrifft die Stresstoleranz, die Affektsteuerung, die Einsichtsfähigkeit in das eigene Handeln, die Beziehungsgestaltung und die intellektuelle Lernfähigkeit, vor allem bezogen auf das Verstehen und Beschreiben eigener Gefühlszustände. Aufgrund der unbewussten Spaltung wird vom Zeitpunkt des Traumas an alles neu Erlebte nicht mehr differenziert bewertet, sondern dem im Kern tief gespaltenen Weltbild unter- und zugeordnet. Einer späteren Anfälligkeit für radikale Ideologien wird damit Tür und Tor geöffnet.

Doch sind kindliche Traumata überhaupt ein verbreitetes Problem? Die bedauerliche Antwort lautet: leider ja. Das Spektrum reicht von Kindern, die in Krisen- und Kriegsgebieten aufwachsen oder in politischen Systemen, in denen Willkür und Gewalt an der Tagesordnung sind, bis hin zu Gewalt und sexuellem Missbrauch in Familien. Letzteres ist selbst bei uns erschreckend häufig. In Deutschland kam eine Studie des Kriminologischen Forschungsinstituts Niedersachsen unter Peter Wetzels im Jahr 1997 zu dem Ergebnis, dass mindestens 8,6 Prozent aller Frauen und 2,8 Prozent aller Männer Opfer von sexuellem Missbrauch in der Kindheit waren, andere körperliche oder seelische Misshandlungen nicht mit einbezogen. Diese Zahlen entsprachen der absoluten Mindestschätzung beim Herausrechnen sämtlicher möglicher Fehlerquellen. Bis heute hat sich daran nicht viel geändert.

Weil psychische Traumata häufig sind, verfügt wohl jede Gesellschaft über ein mehr oder weniger großes Potenzial an Menschen, deren psychische Struktur unfreiwillig eine Spaltungsneigung aufweist und die so mehr als andere empfänglich sind für gespaltene Vereinfachungen und damit für radikale Ideologien. Belegen das nicht die Wahlergebnisse?

Vor dem Hintergrund der Weitergabe psychischer Traumata über Generationen hinweg müssen wir uns die Frage stellen, ob wir die psychischen Folgen der Kriege und Terrorherrschaften des 20. Jahrhunderts wirklich schon verstanden und aufgearbeitet haben. Andernfalls werden die Spaltungen früher oder später von populistischen Demagogen instrumentalisiert an die Oberfläche treten.

Die heftigen Reaktionen auf Sarrazin und Barenboim haben gezeigt, wie schwierig ein solcher Aufarbeitungsprozess ist, weil er verlangt, mit manchem gesellschaftlichen Tabu zu brechen. Hierzu gehört, dass viele Täter der Nazizeit am Ende durch die Kriegsfolgen selbst zu Opfern wurden. Und hierzu gehört, dass auch der real existierende Sozialismus mit seiner Unterdrückung Spuren in den Köpfen vieler Menschen hinterlassen hat mit seiner ebenfalls von Spaltungen geprägten Ideologie.

Unabhängig von ihrem Ursprung werden Spaltungen von rechts und links gespeist von Opfer-Täter-Ketten aus den unverarbeiteten Traumata des 20. Jahrhunderts und machen Traumatisierte und Frustrierte empfänglich für radikale Hasspredigten. Da überrascht es nicht mehr, wenn Neonazis grölend durch die Straßen ziehen und Linke witzelnd mit der Ermordung von Reichen kokettieren.

Radikalisierung heute

Angesichts jüngster Radikalisierungstendenzen in unserer Gesellschaft ist die Politik aufgerufen, die Erkenntnisse der Hirnforschung praktisch anzuwenden. Die wütenden Gefühle vieler Bürger schon vor der Corona-Krise sind anzuerkennen. Denn, wie wir gesehen haben, lassen sich Gefühle nicht verbieten. Allerdings ist es legitim und notwendig, ihren wahren Ursachen auf den Grund zu gehen und sie mit den realen Gegebenheiten abzugleichen. Hierdurch lassen sich alte Gefühle überwinden, damit der Weg frei wird für rationale Problemlösungen – auch in der Politik.

Wie Wahlergebnisse und Protestaktionen offenbaren, ist das Wutpotenzial aktuell besonders ausgeprägt bei den Bürgern im Osten Deutschlands, was bei näherer Betrachtung nicht überrascht und sich zu einem wesentlichen Teil und nachvollziehbar aus der Entwicklung der DDR erklärt. Fraglos war es eine historische Ungerechtigkeit, dass nach dem Zweiten Weltkrieg der Westen Deutschlands sein wirtschaftliches Potenzial entfalten durfte, während sich der Osten sozialistischer Planwirtschaft unterwerfen musste. Mit der Wiedervereinigung war das Benachteiligungsgefühl für viele nicht vorbei, weil Löhne und Gehälter niedriger blieben, weil der Wohlstand nur langsam und keineswegs für alle erreichbar wurde und weil Existenzen bedroht waren. Da wirkte die großzügige Unterstützung, die 2015 die Flüchtlinge bekamen, gerade für diejenigen wie ein Hohn, die selbst finanziell zu kämpfen hatten.

Wirtschaftliche Ungerechtigkeit ist aber nur ein Aspekt, der viele Menschen in den neuen Bundesländern auf die Straße bringt und zu Protestwählern macht. Die Wurzeln ihres Protests liegen tiefer. Wieder sind es Spaltungen. Denn das System des real existierenden Sozialismus war im Kern von massiven Spaltungen geprägt. Der Kalte Krieg war für sich genommen schon Dauerbedrohung und damit Dauerstress und besaß daher ein regressives Potenzial. Doch damit nicht genug. Die versprochenen Segnungen des Sozialismus erfüllten sich nicht. Weder florierte das sozialistische System, noch kollabierte der Westen, wie das die politische Ideologie des Marxismus/Leninismus prophezeit hatte. Der sozialistische Staat verlegte sich auf Propaganda, die in krassen Spaltungen den Klassenfeind entwertete, während sie die eigene Glückseligkeit beschwor. Von der Kindheit an wurde den Menschen eine Wahrheit suggeriert, die sich den meisten ungeschminkt als Lüge offenbarte. Bei den Systemgläubigen weckte sie Hoffnungen, die immer aufs Neue enttäuscht wurden, bei den Gegnern Resignation. Beiden gemeinsam waren Frustration und Wut, und die Spaltungstendenz wurde weiter verstärkt.

Hinzu kam die Angst. Es herrschte Staatswillkür. Gängelei war an der Tagesordnung. Jeder bespitzelte jeden. Permanent bestand die Gefahr, plötzlich als Verräter denunziert zu werden und im Gefängnis oder in einem Arbeitslager zu landen. Jeder kannte jemanden, der abtransportiert worden war. Nicht nur wurden die Traumata aus Nazizeit und Krieg nie aufgearbeitet, sondern schlimmer noch, blieben sie durch die neuerliche Willkür des Staatsapparats für viele weiter lebendig. Ich habe mehrere Patienten, die ihre Kindheit in der DDR verbrachten. Ihnen sitzt noch heute die Angst in den Knochen.

Zugleich propagierten die Parteiideologen ihr System des Guten im real existierenden Sozialismus als gespaltenes Gegenmodell zum Nationalsozialismus als System des Bösen. Kein Wunder, dass angesichts der täglich erlebten Lüge der Gedankenschluss nahelag, dass womöglich die verteufelte Nazizeit nicht nur von Übel gewesen sein könnte.

Als die Mauer fiel, war es für die einen eine Befreiung. Doch für die anderen war es der endgültige Zusammenbruch des in Aussicht gestellten sozialistischen Traums. Sie standen auf einmal vor den Scherben all dessen, wofür sie gearbeitet hatten, sahen sich und ihre Lebensleistungen entwertet. Die staatlich verordnete Spaltung wurde nicht aufgelöst, sondern sie blieb erhalten, allerdings in der Umkehrung. Die bis dato in einem Atemzug mit den Nationalsozialisten verteufelten Kapitalisten waren auf einmal die Guten, und die bis dato Guten, die Stützen des Sozialismus, wurden zu den neuen Bösen. Wie sich die komplette Umkehrung des Wertesystems für jemanden anfühlen musste, der bis dahin zur Elite des Systems gehört hatte, lässt sich leicht ausmalen. Für diese Menschen und für viele andere, die ihre Arbeit oder ihr Sozialgefüge verloren, bedeutete der Kollaps der DDR ein Verlust von Teilen ihrer Identität. Wie schon vielen Deutschen nach dem Ersten und wieder nach dem Zweiten Weltkrieg stellte sich ihnen die Frage, was ihnen von ihrem Lebenseinsatz blieb. Statt Stimmigkeit im Selbsterleben, sahen sie sich von Sinnlosigkeit, Frustration und innerer Leere bedroht. Und diese Gefühle teilten sie mit denjenigen, die nach einiger Zeit enttäuscht erkennen mussten, dass auch der Westen nicht das ersehnte Paradies war.

Das aus dem Verlust eines wesentlichen Teils der eigenen Identität erwachsende Gefühl, betrogen worden zu sein, erklärt die nostalgische Verklärung der DDR, die von manchen beschworen wird. Ihnen geht es wie den Mitgliedern der Kriegsgeneration, die im Nachhinein trotz aller Gräuel und Verbrechen beharrlich die Zeit des Nationalsozialismus verherrlichten.

In vielen Ländern des früheren Ostblocks nähren solche Kränkungen die weitverbreitete Wut, und die wiederum befeuert alte Spaltungstendenzen. Das entwertete Selbstgefühl wird wiederaufgerichtet, indem andere noch massiver entwertet werden, als man sich selbst fühlt. Wir sind endlich wieder die Guten gegen alle anderen. Aus dieser spaltenden Ausgrenzung heraus gedeihen Nationalismus und Xenophobie. Und auf einmal sind die Flüchtlinge an allem schuld oder ist es die EU.

Spaltung überwinden

Angesichts solcher Entwicklungen stellt sich die Frage, wie die demokratische Mitte am besten auf sie reagieren soll. Wir haben erkannt, dass die Grundlage jeder politischen Radikalisierung immer eine Spaltungsneigung ist. Eine drastische Ausgrenzung radikaler Strömungen greift diese Spaltung auf und verstärkt sie zusätzlich. Wer pauschal jede Form einer Zusammenarbeit mit radikalen Parteien – egal ob von rechts oder links – ablehnt, spaltet selbst und geht damit der gespaltenen Weltsicht der Radikalen auf den Leim, weil er sie zu rechtfertigen scheint. Ungewollt ist man sich mit den Radikalen einig darin, dass es wirklich die nur Guten und die nur Bösen gibt – bloß wer zu welcher Gruppe gehört, darüber herrscht Uneinigkeit. Wird so die Spaltung zementiert und weiter verschärft, bereitet das erst recht den Boden für Eskalationen und damit für Gewalt, was aus Sicht der Radikalen dadurch legitimiert wird, dass ihren Argumenten nichts Substanzielles entgegengesetzt wird.

In den Achtzigerjahren habe ich in Hamburg gelebt und dort die regelmäßigen Straßenschlachten zwischen den Hausbesetzern der Hafenstraße und der Polizei hautnah miterleben dürfen. Pflastersteine und Molotowcocktails flogen. Schlagstöcke und Tränengas waren die Antwort. Einmal musste ich mich auf meinem Weg in die Stadt in der Nähe des Dammtorbahnhofs ganz schön sputen, um nicht unversehens zwischen die Fronten zu geraten. Mein Gerechtigkeitsempfinden fand die Duldung rechtsfreier Räume mit linksextremen, offen gewaltbereiten Bewohnern alles andere als akzeptabel.

Und doch muss ich heute einsehen, dass die Strategie der Stadtregierung, die Integration der autonomen Szene zu versuchen, weitgehend aufgegangen zu sein scheint. Statt sich in Dauereskalation zu verstricken und damit die Spaltung zu zementieren, wurden die elf illegal besetzten Häuser der Hafenstraße in eine Genossenschaft überführt. Zwar existiert seither weiterhin ein rechtsfreier Raum, doch wurde sein Einfluss auf das Leben in der Stadt erfolgreich eingegrenzt. Mehr noch wurden viele Sympathisanten der Szene in die Gesellschaft integriert, wechselten einige von ihnen inzwischen ins politische Establishment und saßen sogar zeitweilig in der Stadtregierung.

Die Stadt Hamburg stieg aus der Spaltung aus. Statt der Gegenaggression oder der Angst nachzugeben, fand sie einen Ausweg: Wer sich an die Regeln hält, wird in seiner bunten Eigenart und Rechtsauffassung geduldet. Wer weiterhin offen das Gesetz bricht, wird bestraft. Inzwischen sind die farbenfrohen Häuser mit ihren exotisch anmutenden Bewohnern sogar zu einer Touristenattraktion geworden, an der täglich die Hop-On/Hop-Off-Busse vorbeifahren.

Was lässt sich aus dieser Erfahrung lernen für den Umgang mit der Hetze von rechts? Offenbar wäre es auch hier vernünftig, der Spaltung entgegenzuwirken, anstatt sie weiter voranzutreiben. Statt uns von unserer Angst leiten zu lassen, wäre es vielversprechender, sich den sogenannten Neuen Rechten in der Diskussion zu stellen, sie mit Argumenten auf den Boden der Tatsachen zu holen und mutig die Techniken ihrer populistischen Antreiber zu entlarven, Techniken, die zur Umgehung einer sachlichen Diskussion gezielt auf eine Verstärkung der Spaltung abzielen: emotionale Aufheizung, plakative Vereinfachung, Pseudoargumente, suggestive Sprachwahl, Fehlinformationen, falsche Versprechen und dergleichen mehr. Zugleich sollte die Politik offen die Wut der Menschen ansprechen – denn Gefühle lassen sich nicht verbieten! – und gemeinsam mit den Wütenden nach Wegen suchen, die zu einer Lösung der ihrer Wut zugrunde liegenden Probleme beitragen. Die Strategie muss lauten: Gefühle erlauben und benennen und dennoch einfordern, dass Kompromisse gefunden werden müssen, die für alle tragbar sind, weil gesellschaftliches Miteinander einen Modus Vivendi für alle bieten muss. Die Diskussion muss also mithilfe der Faktenlage versachlicht werden, anstatt sich auf die emotionale Eskalation einzulassen.

Gelingt eine Überwindung der Spaltung, wird am Ende – wie in Hamburg – ein harter Kern Unverbesserlicher übrig bleiben. Doch von ihm wird keine Gefahr mehr für unsere Demokratie ausgehen. Egal, ob von rechts oder links.

Wo die Grenzen in den vertretbaren politischen Positionen zu ziehen sind – und die muss es zum Schutz von Demokratie und Menschenwürde geben –, ist Aufgabe des Gesetzgebers und des Rechtsstaats. Wer sich an die klar definierten Grenzen hält, ist Teil des demokratischen Diskurses, auch wenn seine Meinungen von der Mehrheit nicht geteilt werden. Wer sich nicht an die Grenzen hält, der ist ein Fall für das Strafgesetz. Das bedeutet im Umkehrschluss: Parteien, die zu demokratischen Wahlen zugelassen werden, gehören durch diese Zulassung implizit zum demokratischen Spektrum und sollten damit prinzipiell für Kooperationen und Koalitionen mit anderen infrage kommen.

Als Folge eines solchen Grundkonsenses war es über Jahrzehnte hinweg die Strategie der CSU in Bayern, einer Radikalisierung am rechten Rand dadurch vorzubeugen, dass ihre eigenen Positionen keinen Raum für eine demokratische Partei rechts von ihr ließen. Diese Zeiten scheinen vorbei zu sein. In Österreich wurde der umgekehrte Weg beschritten. Die rechte FPÖ wurde lange ausgegrenzt und dadurch immer stärker. Entsprechend erwies sich trotz internationalen Aufschreis die Strategie der Konservativen in Österreich, den rechten Rand versuchsweise in die

Regierungsverantwortung einzubinden, als erfolgreicher Weg, den Populismus zu entzaubern.

Eine solche Vorgehensweise wäre auch in Deutschland möglich, doch ist sie nur schwer offen zu diskutieren, weil der Umgang mit Rechten tabuisiert wird – die Bürde der Naziverbrechen, aus der eine klare Verantwortung erwächst, wird weiterhin mit persönlicher Schuld verwechselt. Doch gerade wegen dieses Tabus eignet sich rechte Provokation besonders gut, um Wut zu schüren und an die Öffentlichkeit zu tragen – schließlich ist ein empörter Aufschrei garantiert und mit ihm die Aufmerksamkeit der Medien.

Umgekehrt wurde und wird in manchen Kreisen Deutschlands das aggressive und destruktive Potenzial linksradikaler Gruppierungen verharmlost, weil es nicht diesem Schuldimpuls unterliegt. Ganz im Gegenteil maßen sich Linksradikale sogar an, die Berechtigung ihrer Ausschreitungen aus dem an sich legitimen antifaschistischen Kampf zu schöpfen und das, obwohl der staatlich institutionalisierte Antifaschismus längst in den Verbrechen des roten Terrors unter Stalin, Mao Zedong, Pol Pot, Ceauşescu, den DDR-Obrigkeiten und anderen als instrumentalisierte Schablone bloßgestellt wurde. Wenn in Deutschland angesichts der leidvollen Erfahrungen Tausender unter dem DDR-Regime linksradikales Gedankengut nicht als genauso demokratiefeindlich gebrandmarkt wird wie rechtsradikales, ist das jedoch problematisch, denn es liefert beiden (!) radikalen Strömungen Argumente zu ihrer eigenen Verharmlosung.

Linksradikale können ihre Aggressivität dadurch schönreden, dass die Beweggründe hinter ihren linken Ideologien edel wirken. Nicht nur ist es ein moralischer Selbstgänger, Faschismus und Rassismus abzulehnen, sondern auch der Kapitalismus eignet sich als populäres Feindbild, da im Kampf gegen die mächtigen Konzerne immer ein Stück Romantik à la Robin Hood mitschwingt. Allerdings sind die Triebfedern hinter Frust und Neid der Linksradikalen in Wahrheit andere. Neben zahlreichen berechtigten

Kritikpunkten an den Auswüchsen der Macht der Großkonzerne reichen sie vom pubertären Protest gegen die als langweilig und bieder erlebte Welt der Erwachsenen bis hin zur Lust an der Randale, weil die Wirkmächtigkeit im eigenen Leben zu kurz kommt. Andernfalls würden Argumente und nicht Pflastersteine die Auseinandersetzungen bestimmen.

Die Rechtsradikalen ihrerseits können argumentieren, dass linksradikale Proteste viel gewalttätiger und gesellschaftsfeindlicher seien als die ihren. Bei den verheerenden linken Krawallen am Rande des G-20-Gipfels in Hamburg 2017 wurde das Recht vor laufenden Kameras mit Füßen getreten. Der Anarchie von links wurde von rechts der Ruf nach Ruhe und Ordnung entgegengesetzt. Diese Selbstinszenierung als vermeintliche Hüter des Rechts wurde allerdings inzwischen als hohle Phrase entlarvt angesichts der jüngsten kriminellen Gewalttaten durch Rechtsextreme wie der Ermordung des Kasseler Regierungspräsidenten Walter Lübcke oder des Anschlags auf die Synagoge in Halle.

So steht zu befürchten, dass die Extreme sich wie in der Weimarer Republik gegenseitig hochschaukeln werden, sollten die abgespaltenen Ideologien und der mit ihnen verbundene Hass nicht eingegrenzt werden können. Ein Weg zurück in einen vom Verstand geleiteten demokratischen Wettbewerb der unterschiedlichen politischen Ansätze würde dann immer schwieriger. Die Strategie der Antidemokraten würde aufgehen.

Um es eben nicht so weit kommen zu lassen, ist es entscheidend, als Erstes die Gefühle der Radikalen, vor allem ihre Wut, anzuerkennen und mit ihnen in einen Dialog zu treten, um die Ursachen dieser Wut, sofern sie wirklich politisch begründet ist, durch in Aussicht gestellte Kompromisslösungen zu entschärfen. Von den Protestwählern wird sich auf diese Weise ein beträchtlicher Teil einbinden lassen, ebenso manche Aktionisten. Wenn sich einige Ewigradikale und Ewiggestrige einer solchen Einbindung verweigern, hat das in der Regel persönliche Gründe, jedoch lässt sich ihr Aggressionsproblem nicht politisch lösen. Sie werden sich in der Marginalisierung entweder in eine besserwisserische Verbitterung zurückziehen oder mit dem Strafgesetz in Konflikt geraten.

Bei der Linkspartei scheint durch eine politische Einbindung eine partielle Integration in das demokratische System gelungen zu sein. Statt permanenter Ausgrenzung wurde mit ihr die Kooperation und damit die Teilhabe an der praktischen politischen Verantwortung gesucht. Zwar widerstrebt es dem Gerechtigkeitsempfinden von so manchem, wenn die offizielle Nachfolgepartei der SED ein möglicher Partner für demokratische Koalitionen geworden ist. Doch im Ergebnis wurde die Spaltung überwunden und einer möglichen weiteren Radikalisierung am linken Rand vorgebeugt. Insofern erscheint es nur logisch, wenn ein demokratischer Konsens auch am rechten Rand des politischen Spektrums gesucht wird, um die dort aktuell in Deutschland zu beobachtende Radikalisierungstendenz einzudämmen. Je früher das geschieht, desto besser, weil ein schwacher Juniorpartner in einer Koalition einen nur geringen Einfluss besitzt und dennoch der gemeinsamen Verantwortung unterworfen ist. Verbleiben Radikale in der ewigen Opposition, werden sie zum Sammelbecken für alle Unzufriedenen mit der Gefahr, dass ihre Zahl beständig wächst, weil demokratische Kompromisse selten alle zufriedenstellen. Der Aufstieg der FPÖ in Österreich zu Zeiten der langjährigen Großen Koalitionen hat das eindrucksvoll gezeigt. Wie ich beschrieb, fiel er mit dem Eintritt in die Regierungsverantwortung in sich zusammen.

Wie auch immer man moralisch zu solchen Strategien gegen radikale Strömungen von rechts und links stehen mag, am Ende sollte entscheidend sein, ob sie erfolgreich zum Schutz der Demokratie beitragen. Wer die Befürchtung hegt, die Mitte würde sich dadurch den radikalen Positionen annähern, der sollte sicherstellen, dass er seinen Grundwerten treu bleibt, egal wer ihm gegenübersitzt.

Die Wahrheit ist dem Bürger zumutbar

Politik sollte sich pragmatisch an belegbaren Fakten orientieren, um das langfristige Wohlergehen und die freie Entfaltung der individuellen Lebensentwürfe ihrer Bürger zu fördern. Wie schwierig es sein kann, aus dem Rat unterschiedlicher Experten, dem Druck von Lobbyisten und den oft schwankenden Stimmungen der Bevölkerung zu vertretbaren und angemessenen Entscheidungen zu gelangen, wird besonders in Krisensituationen deutlich. Das gilt für die Corona-Krise, auf die ich nochmals zu sprechen kommen werde, doch es gilt gleichermaßen und langfristig noch viel entscheidender für die Klimakrise. Die naturwissenschaftlichen Beweise für den Klimawandel sind erdrückend. 97 Prozent der Wissenschaftler sind sich einig. Doch sind die einzelnen Ursachen angesichts der Vielzahl an Einflussfaktoren auf das Klima nur schwer zu belegen. Das ist ein gefundenes Fressen für die wirtschaftlichen Lobbygruppen von Öl bis Auto, die von einem konsequenten Kampf gegen den Klimawandel finanzielle Nachteile zu erwarten hätten.

Wie stark der Einfluss solcher Lobbyisten auf die Politik ist, hat zuletzt wieder das Hin und Her um das Pflanzengift Glyphosat gezeigt, dessen Verbot in Deutschland wiederholt angekündigt und dann in letzter Minute gekippt wurde. Hinter dem Rücken der Bundeskanzlerin und entgegen seiner Absprache mit der damaligen Umweltministerin stimmte 2017 der frühere

Bundeslandwirtschaftsminister Christian Schmidt (CSU) im Namen Deutschlands einer fünfjährigen Verlängerung der EU-Zulassung des Herbizids zu. Seine Stimme war die ausschlaggebende. Ein Schelm, wer Böses dabei denkt. Angela Merkel war darüber verärgert, doch an dem EU-Beschluss änderte das nichts. Wie soll es angesichts einer solchen Ausgangslage der Politik gelingen, zukunftstaugliche Klimaziele zu definieren und überhaupt Entscheidungen zu treffen, die sich ausschließlich am Wohl der Bürger orientieren?

Wo, wenn nicht beim Klimaschutz ist die Politik dazu aufgerufen, sich ihrer Verantwortung zu stellen, weil die drohenden Schäden für Umwelt und Wirtschaft für das Überleben von weitaus mehr Menschen entscheidend sein werden als die Corona-Pandemie. Sie steht in der Pflicht, aus dem vorliegenden Kenntnisstand die Maßnahmen abzuleiten, die im Zweifelsfall eine Bewahrung unserer Lebensgrundlagen sichern – pragmatisch, unter dem Eindruck verbleibender Restunsicherheit. Und sie muss ihren Entscheidungsprozess transparent kommunizieren: Wenn wir das Klima sichern, bleiben wir am Leben, wenn nicht, vielleicht auch, aber vielleicht auch nicht. Es ist wie beim Autofahren. Dort passiert in den meisten Fällen nichts, wenn wir ohne Gurt fahren. Aber mit Gurt ist die Chance höher, dass wir unversehrt bleiben. Also fahren wir meist mit Gurt.

Weil die Politik in den unterschiedlichsten Bereichen Entscheidungen treffen muss, sind Politiker unweigerlich auf Berater angewiesen – und laufen dadurch Gefahr, sich an vermeintlichen Gewissheiten zu orientieren, deren Folgen im besten Fall unabsehbar sind. Was, wenn der mächtigste Mann der Welt, der US-amerikanische Präsident, sich einen Berater nimmt, der auf seiner Suche nach tieferen Zusammenhängen an Wahrheiten glaubt, die gar keine sind? Stephen Bannon, der Chefstratege von Donald Trump zu Beginn seiner Amtszeit, ist Anhänger einer Zyklen-Theorie, der zufolge es bislang vier große Krisen in der Geschichte der USA gegeben habe: die Jahre der amerikanischen Revolution im 18. Jahrhundert, der Bürgerkrieg im 19. Jahrhundert, die Große Depression und der Zweite Weltkrieg in den Dreißiger- und Vierzigerjahren des 20. Jahrhunderts und zuletzt die Finanzkrise von 2008, als deren Drahtzieher er die »Partei von Davos« sieht, die globale Machtelite, die sich alljährlich in den Schweizer Alpen trifft. Unweigerlich werde die Finanzkrise in Kürze in einen neuen, reinigenden Krieg münden. Vor dem Hintergrund, dass Politik Gefahr läuft, selbsterfüllende Prophezeiungen zu schaffen, wirkte die präsidiale Entscheidung, diesen Berater bald wieder zu feuern, beruhigend.

Weil der Zufall nicht planbar ist, ist Ungewissheit Teil unseres Lebens. Dieser Tatsache muss die Politik ins Auge blicken, sie in ihren Entscheidungen berücksichtigen ebenso wie in der Darstellung ihrer Absichten und Ziele. Anders formuliert: Den Menschen ist die Einsicht zuzumuten, dass es oft keine absoluten Gewissheiten gibt. Die Politik ist in so einem Fall gut beraten, ihre Entscheidungsfindung transparent zu machen und den Bürgern die verschiedenen Alternativen mit ihren Wahrscheinlichkeiten offen darzulegen. Nur dann werden die Bürger die Entscheidungen nachvollziehen können und mittragen, solange sie noch nicht selbst direkt an den Entscheidungsprozessen beteiligt werden.

Wenn die Politik den Bürgern hingegen einfache Lösungen für komplexe Fragen verspricht, bedient sie einen plumpen Populismus, der zwar kurzfristig den Wunsch der Menschen befriedigen mag, dass sie sich nicht selbst kümmern und auskennen müssen, sie in Wirklichkeit aber manipuliert. Dann ist es nur eine Frage der Zeit, bis die Bürger skeptisch werden, wie der Verlauf der Corona-Krise gezeigt hat. Die Politik handelt fahrlässig, wenn sie, anstatt den Bürgern reinen Wein einzuschenken, paternalistisch behauptet, sie tue das Beste für alle, und alles andere sei zu kompliziert. Dann fühlen sich die Bürger über kurz oder lang für dumm verkauft.

Vor einiger Zeit habe ich an einer Diskussionsrunde teilgenommen, in der ein leitender Redakteur einer sich selbst als linksliberal bezeichnenden Zeitung allen Ernstes die Meinung vertrat, dass es vollkommen ausreiche, die Macht des Volkes darauf zu beschränken, alle vier oder fünf Jahre eine Regierung abwählen zu dürfen. Andernfalls würde der nackte Populismus regieren, wodurch jede zukunftsweisende Entscheidung unmöglich gemacht werde. Unterm Strich befand er, die Bürger sollten tunlichst von Entscheidungen ferngehalten werden, andernfalls drohe ein neues Weimar (Auschwitz inklusive, unausgesprochen).

Was in bester Absicht formuliert gewesen sein mochte, erweist sich als Ausdruck einer abgehobenen Arroganz, wie sie verständlicherweise immer mehr Bürger in Rage bringt. Unter Berufung auf historische Katastrophen werden vermeintliche Gewissheiten formuliert, deren einzige Bestätigung der Beifall Gleichgesinnter ist. Genau in dieser Arroganz einer zum nicht unwesentlichen Teil selbst ernannten intellektuellen Elite scheint mir die Ursache für die explosive Zunahme an Nicht- und Protestwählern zu liegen. Bürgern die Fähigkeit abzusprechen, sich auf der Grundlage von Fakten ein eigenes Urteil fällen zu können, führt unweigerlich zu Unzufriedenheit. Aufgabe einer genuin demokratischen Politik muss es sein, den Bürgern die für eine Entscheidung notwendigen Fakten zu präsentieren – Unsicherheiten eingeschlossen –, damit sie sich ihre eigene Meinung bilden können.

»Die Wahrheit ist dem Menschen zumutbar.« Dieser schlichte Satz von Ingeborg Bachmann sollte auch in der Politik Gehör finden. Denn unser Gehirn strebt nach Kohärenz. Wir wollen uns auskennen. Wird das verhindert, entsteht Wut. Und Wut steckt an. So wie alle Gefühle. Und daraus entsteht die eigentliche Bedrohung für unsere Demokratie.

Die Schwäche der parlamentarischen Demokratie

Jüngst fragte ich den Buchhändler meines Vertrauens: »Kennen Sie Ihren Abgeordneten?« Offenherzig antwortete er: »Zum Glück nicht.« Damit brachte er den weitverbreiteten Unmut der Bürger über die Politik auf den Punkt. Doch fassen wir uns an der eigenen Nase. Kennen wir unseren Abgeordneten? Und seine potenziellen Konkurrenten? Den meisten von uns dürften die eigenen Politiker allenfalls als lächelndes Antlitz auf den Plakaten des letzten Wahlkampfs vertraut sein. Vielleicht haben wir sogar dem einen oder anderen von ihnen im Endspurt vor der Wahl am Stand seiner Partei die Hand geschüttelt. Doch damit hat es sich dann schon meist. Wer der Mensch wirklich ist, der unsere Interessen vertreten soll und dafür von uns mit unseren Steuergeldern bezahlt wird, und ob wir ihm vertrauen können, bleibt uns meist verborgen.

Aus psychologischer Sicht ist das eine ausgesprochen ungünstige Konstellation. Da ist jemand, der unsere Interessen vertritt, ohne dass wir im Einzelfall gefragt werden, der uns also unserer Wirkmächtigkeit beraubt, und dann kennen wir ihn nicht einmal wirklich, fehlt uns der persönliche Beziehungsaspekt zu ihm. Weder Bewirken noch Beziehung sind im aktuellen politischen System für die Bürger erfahrbar.

Das Fehlen der direkten Beziehungsebene hat einen weiteren negativen Effekt. Wenn wir in den Medien lesen, hören und sehen, wie einige Politiker ihre Position missbrauchen, schließen wir wegen unseres fehlenden direkten Kontakts leicht von solchen schwarzen Schafen auf unseren Abgeordneten. Denn was wissen wir schon von ihm? Sein Lächeln auf den Plakaten erhält auf einmal eine ganz neue Dimension – und unser Misstrauen gegenüber der Politik verfestigt sich.

Es geht durchaus anders. In den USA ist das Verhältnis zwischen Bürgern und Abgeordneten traditionell deutlich direkter. Zwar gibt es hier nicht weniger schwarze Schafe in den Parlamenten, und um die Glaubwürdigkeit der Politik steht es ebenfalls nicht zum Besten, doch hier kennt man seinen Abgeordneten. Und man nimmt ihn in die Pflicht, fragt ihn, wenn man Fragen hat, drängt ihn zu Entscheidungen, die man getroffen sehen möchte. Zumindest bekommt man so das Gefühl vermittelt, aktiv am politischen Geschehen beteiligt zu sein – zwar als kleines Rädchen, doch wirkmächtig. Voraussetzung für dieses Gefühl der Einflussnahme auf die Entscheidungen »seines« Abgeordneten ist der Umstand, dass in den USA ein Parlamentsabgeordneter viel freier abstimmen darf als bei uns. Wo bei uns die Fraktionsdisziplin, die die Partei dem Abgeordneten bei den meisten Entscheidungen auferlegt, das Regieren erleichtert, muss oder darf in den USA der Parlamentarier seinen eigenen Überzeugungen folgen. Dadurch entsteht ein Rechtfertigungszwang den eigenen Wählern gegenüber, die ihrerseits gewohnt sind, im direkten Kontakt entsprechend Druck auszuüben.

Das Faszinierende an der Fraktionsdisziplin in unseren heimischen Parlamenten ist, dass sie faktisch sehr oft in einen Fraktionszwang mündet, weil Abweichler von der Parteilinie mit Sanktionen belegt, etwa nicht zur Wiederwahl unterstützt werden. Das ist gängige Praxis, obwohl genau das eindeutig verboten ist, denn ein Fraktions- oder Klubzwang ist verfassungswidrig, in Deutschland genauso wie in Österreich und in der Schweiz. Artikel 38, Absatz 1, Satz 2 des deutschen Grundgesetzes etwa legt eindeutig fest, dass Abgeordnete »an Aufträge und Weisungen nicht gebunden und nur ihrem Gewissen unterworfen« sind.

Die Wirkmächtigkeit der Bürger in den USA beschränkt sich jedoch nicht darauf, dass sie ihrem Abgeordneten ins Gewissen reden dürfen, damit er ihre Überzeugungen vertritt, sondern noch in einem weiteren wesentlichen Punkt können US-Bürger aktiv ihren Einfluss geltend machen: bei der Auswahl ihrer führenden Politiker. Wer Kandidat wird, sei es für den eigenen Wahlkreis, für den Bundesstaat oder selbst für die Präsidentschaft der ganzen Nation, bestimmen die einzelnen Parteimitglieder an der berühmten Graswurzel mit. Zugleich darf jeder antreten. Was auch immer bei diesem Auswahlprozess an Manipulation mit hineinspielen mag, wenn es um Geld, Seilschaften und die Macht der Medien geht, kommt dennoch beim Bürger das Gefühl an, dass er gefragt wird und dass er weiß, mit wem er es zu tun hat, weil er sich damit auseinandersetzt, eben weil er gefragt wird. Und nicht selten sind die direkten Nominierungswettläufe für Überraschungen gut. Donald Trump war sicher nicht der Wunschkandidat des Establishments seiner Republikanischen Partei, und Bernie Sanders stand kurz davor, seiner Demokratischen Partei einen gehörigen Schrecken einzujagen.

Beziehung und Bewirken sind für die Bürger der USA Teil des Systems. Zwar herrscht dort eine indirekte parlamentarische Demokratie, allerdings mit expliziten Möglichkeiten der direkten Einflussnahme. Das System berücksichtigt besser als bei uns, was die Psyche will, und hat sich deshalb selbst über schwere Krisen und Weltkriege hinweg weitgehend stabil gehalten.

Allerdings wurde in den letzten Jahren erschreckend deutlich, dass wegen der zunehmenden Beeinflussbarkeit der öffentlichen Meinung durch die immer mächtigeren Medien bei gleichzeitigem Aushöhlen des Bildungsniveaus auch in den USA politisch nicht alles eitel Sonnenschein ist. Massenmedien können durch ihre Allgegenwart Massenprozesse lostreten, Meinungen manipulieren und damit demokratische Prozesse gefährden, wie 2003 die mediale Mobilmachung im Zweiten Irakkrieg live und in Farbe vor

Augen führte. Zeitweilig gewann man den Eindruck, dass eine Wirtschaftselite aus Öl, Rüstung und Banken die Macht in den USA übernommen hatte, um ohne Rücksicht auf Verluste ihre Interessen durchzusetzen.

Und doch blieb eine lebendige Opposition gegen diesen politischen Kurs möglich. Trotz der Massenmanipulation blieb die demokratische Kontrolle in den USA intakt. Nach dem Irakkrieg begehrte die politische Basis auf, und mit Barack Obama wurde ein Newcomer zum Präsidenten gewählt. Die in dieser Zeit im permanenten Wettlauf um Quoten von den Medien losgetretene Tendenz, in der politischen Berichterstattung zu dramatisieren und zu spalten, blieb jedoch erhalten. Die politische Stimmung ist seither in zwei Lager gespalten, die einander unversöhnlich gegenüberstehen. Auftreten und politischer Stil Donald Trumps haben das Ihre dazu beigetragen, diese Entwicklung zu verfestigen. Selbst eine Krise wie die Corona-Pandemie, die sonst das ganze Land im Kampf gegen den unsichtbaren Feind geeint hätte, änderte daran nichts.

Corona verschärft die Trends

Wie wenig bei uns die Bürger aktiv in die politischen Entscheidungsprozesse eingebunden sind und wie schnell die Politik an die Grenzen ihrer Gestaltungsfähigkeit stößt und hektischen Aktionismus gebiert, wo rationales, der Situation angemessenes und vorausschauendes Handeln gefragt wäre, hat die aktuelle Corona-Krise wie unter dem Brennglas sichtbar gemacht.

Verweigerungshaltung, Auflehnung und Unmut der Bürger sind die Folge. Nicht nur waren viele der aus dem Hut der Virologen und Politiker gezauberten Maßnahmen gegen die Krise oft wenig durchdacht und in ihrer Verhältnismäßigkeit fragwürdig. Das ließe sich anhand des schnellen Handlungsbedarfs zu Krisenbeginn noch entschuldigen, wenngleich es erschreckend deutlich machte, wie sehr das politische Handeln von Gefühlsimpulsen – hier in der Krise von der Panik – und nicht von überlegten Abwägungen gesteuert wurde. Was allerdings den Widerwillen vieler Bürger vor allem befeuerte, war der Eindruck, dass »die da oben« willkürlich hinter verschlossenen Türen die Einschränkung von Grundrechten beschlossen, ohne dass der Souverän, der Bürger, ein Wörtchen dabei mitzureden hatte. Selbst das Parlament blieb außen vor, wie ich schon erwähnte. Die Bürger wurden nicht gefragt. Anstatt ihren Umgang mit dem Virus eigenverantwortlich zu steuern, sahen sie sich zum Befehlsempfänger degradiert, denen der Staat suggerierte, alles werde bald vorbei sein, wenn nur alle brav gehorchten.

In vielen Ländern wurde zu Beginn der Corona-Krise die Regel erlassen, dass beim Aufenthalt im Freien ein Mindestabstand von zwei Metern zu anderen als im eigenen Haushalt lebenden Personen einzuhalten sei. Das war angesichts der Ausbreitung des Virus eine vernünftige Regelung und für jeden nachvollziehbar, weswegen sie in weiten Teilen befolgt wurde. Parallel gab es die Empfehlung, möglichst zu Hause zu bleiben. Dort, wo – wie in Wien – die Polizei diese Empfehlung zum Anlass nahm, Dauerpatrouille zu fahren und das Verweilen in Parks zu reglementieren, war es mit dem Einhalten der Regeln bald vorbei. Gehen wurde geduldet, Sitzen auf Bänken oder im Gras nicht. Das war für die Bürger nicht nachvollziehbar. Sie fühlten sich gegängelt. Mit dem schönen Frühlingswetter stieg der Unmut.

Als die Zahl der Infizierten schließlich sank, schwang das Pendel der Politik ins Gegenextrem. Den Bürgern wurde suggeriert, sie hätten die Krise überstanden. Das Wunschdenken wurde befriedigt und zur Selbstinszenierung der Regierenden benutzt. Der Appell an die eigene Verantwortung jedes Einzelnen, die jetzt unverändert gefordert war, war nur gelegentlich und eher kleinlaut zu hören.

Und so kam es zum zweiten Lockdown. Trotz der Erfahrungen aus dem ersten und trotz der inzwischen gesammelten wissenschaftlichen Erkenntnisse gab es wieder Maßnahmen, die nicht nachvollziehbar waren und die daher willkürlich erschienen. In Wien wurden Opern und Theater geschlossen, obwohl dort keine Ansteckungsherde auszumachen waren, Kirchen hingegen blieben offen. Weihnachten war feiern erlaubt, Silvester war es verboten. An einem Donnerstag kündigte die Regierung an, dass sie am Samstag Maßnahmen verlautbaren werde, die ab Dienstag in Kraft treten würden. Damit gab es fünf Tage lang Zeit für Partys: »Hurra, wir dürfen feiern.« Von Eigenverantwortung weit und breit keine Spur mehr. Die Ansteckungszahlen explodierten. Selbst in der Ausgangssperre trafen sich Tausende im Privaten und feierten weiter, weil sie den Regierungskurs nicht ernst nahmen. Fehlende Einbindung in den Entscheidungsprozess und fehlende Nachvollziehbarkeit der Regeln mündeten bei vielen in Ignoranz, in Trotz oder Verleugnung, mit der Konsequenz, dass die Verbreitung der Krankheit nicht wirksam eingedämmt wurde und auch der zweite Lockdown nicht der letzte blieb.

Doch es ging auch anders. Während in den meisten Ländern der Welt der Staat während der Corona-Krise wie bei uns autoritär durchgriff, wandten sich die Regierungen im schon erwähnten Schweden und in Japan an die Verantwortungsbereitschaft ihrer Bürger. Entgegen internationalen Unkenrufen fuhren sie damit nicht schlechter als andere Länder, jedoch mit geringerem Schaden für die Wirtschaft und ohne die Grundrechte ihrer Bürger zu beschneiden, sieht man vom schwedischen Alkoholverbot nach 22 Uhr ab. Was in beiden Ländern zu Komplikationen führte, waren nicht fehlende Zwangsmaßnahmen, sondern in Schweden der schon hervorgehobene ungenügende Schutz der Altenheime und in Japan die Ausgabe von Restaurant- und Reisecoupons zur Konsumankurbelung.

Ein Land, das kaum auf dem Radar der Medien erschien, war Norwegen, wo nach einem kurzen harten Lockdown ebenfalls der Appell an die Eigenverantwortung der Bürger das Geschehen bestimmte. Mit Erfolg, wenn man die Zahlen der Infizierten als Gradmesser nimmt, der ketzerischen Stimmen zufolge dem Naturell der Norweger geschuldet war. Es heißt, dort seien alle erleichtert gewesen, als man die Mindestabstandsempfehlung von einem Meter auf zwei Meter vergrößert habe, weil man so näher an den fünf Metern gelegen habe, die für Norweger üblich seien.

Weil die Corona-Pandemie aufgrund der zu erwartenden Mutationen noch lange nicht vorbei ist und jederzeit wieder eine Pandemie ausbrechen kann, ist es unerlässlich, dass die Politik dafür gerüstet ist, mit Schutzmaterial und mit einer stimmigen Strategie. Dazu sollte sie sich aus den unterschiedlichen Länderstrategien, die in der Corona-Praxis zur Anwendung kamen, die erfolgreichste auswählen. Zwei Alternativen stechen hervor. Entweder ein konsequenter Schutz der Risikogruppen bei Eigenverantwortung für die gering Gefährdeten. Oder ein befristeter harter Lockdown, der jedoch weiträumig, am besten global, stattfinden muss, weil sonst wie in der Corona-Pandemie immer wieder Streuherde entstehen und sich die Lockdowns benachbarter Länder die Klinke in die Hand geben, gefolgt von eigenverantwortlichen Maßnahmen.

Covid-19 ist für viele Menschen eine schwere und schlimme Erkrankung. Das ist leider eine traurige Wahrheit, der wir uns stellen müssen. Doch das gilt genauso für Krebs, für Herz-Kreislauf-Erkrankungen und für andere schwere Krankheiten. Hysterie ist also fehl am Platz. Der fromme Wunsch, durch Impfungen das Virus zu besiegen, hätte im Sommer 2020 vielleicht noch in Erfüllung gehen können, doch der Zeitpunkt wurde verpasst. Jetzt werden mit jedem Impfschutz neue Mutationen entstehen und sich blitzartig durchsetzen, vergleichbar mit der südafrikanischen Virusvariante, eben weil das Virus so hochansteckend ist. Sobald eine Mutante durch Impfung besiegt sein wird, wird eine neue Variante das Zepter in die Hand nehmen. Das Virus wird uns weiter begleiten, ob wir wollen oder nicht. Wir müssen lernen, mit ihm zu leben. Permanente Lockdowns und die wirtschaftlichen Schäden, die dadurch angerichtet werden, werden keine Lösung sein, allein schon wegen der immensen wirtschaftlichen Schäden, die sie Anrichten werden. Es wird ein Katz-und-Maus-Spiel werden. Mit jeder neuen Impfung wird es neue Mutanten geben, bis sich eines Tages die Mutanten durchsetzen, die nur noch eine mehr oder weniger harmlose Erkältung verursachen. Diese werden aber dennoch zu einer ausreichenden Teilimmunität bei einem Großteil der Bevölkerung führen. Was das für jeden Einzelnen von uns heißt? Wir müssen lernen, uns selbst zu schützen: durch Abstand, durch Maskentragen und durch Tests. Und die Politik? Sie sollte uns zum Selbstschutz anhalten, anstatt uns im Wochenrhythmus dieses und jenes zu verbieten. Grenzen werden das Virus nicht aufhalten, auch wenn sie geschlossen werden. Und sie sollte die Forschung nach wirksamen Behandlungen unterstützen, anstatt alles auf die Impfung zu setzen. Denn wenn es wirksame Behandlungen gibt, ist der Schrecken der Krankheit – egal von welcher Mutante – besiegt.

Ob die Bürger ohne staatliche Bevormundung bei uns verantwortungsbewusster gewesen wären, als die Politik dies für möglich hielt, wissen wir nicht. Und es ist gut nachvollziehbar, dass die Regierungen sich zu Krisenbeginn angesichts der dramatischen Bilder aus Italien dem Druck ausgesetzt sahen, rigoros zu handeln. Die Folgen des Zögerns, wie sie in Großbritannien und in den USA zutage traten, belegten kurze Zeit später, dass rasche Entscheidungen richtig gewesen waren. Als fatal aber erwies sich der Anspruch, dass der Staat alles regeln werde, weil er die Bürger in der falschen Sicherheit wiegte, dass es genügte, sich an die staatlichen Anweisungen zu halten, weshalb sie nicht lernten, selbst aufzupassen.

Die politischen Folgen des Krisenmanagements werden uns noch lange beschäftigen. Anfänglich kam es zum Zusammenrücken aller – das typische psychische Phänomen bei Angst. Doch durch die Bevormundung weckte der Staat Unmut, der angesichts der wirtschaftlichen und sozialen Folgen der getroffenen Maßnahmen weiter wachsen wird. Erst recht, wenn die Bürger eines Tages die Rechnung für die immensen Staatsausgaben präsentiert bekommen und sie erkennen müssen, dass es ihr Geld war, das ausgegeben wurde.

Schon während der Krise entstand der Eindruck, dass ein beträchtlicher Teil der staatlichen Mehrausgaben nicht den Bedürfnissen der Bürger, sondern den Interventionen einflussreicher Lobbyisten zu verdanken war. Wie sonst erklärten sich die massiven Unterstützungsmaßnahmen für die Autoindustrie in Höhe von mehreren Milliarden Euro an Steuergeldern? Wer sich die

Bilanzen der führenden deutschen Autokonzerne genauer ansah, konnte dort nachlesen, dass die Cash-Reserven von VW, BMW und Daimler Anfang 2020, also zu Beginn der Krise, jeweils im zweistelligen Milliardenbereich lagen. Ob die Bürger diese Finanzpolster unberücksichtigt gelassen hätten, wenn man sie zur Verteilung der finanziellen Hilfen direkt befragt hätte?

Aber Wut und Enttäuschung der Bürger bezogen und beziehen sich nicht nur auf die Strategien zur Eindämmung der Pandemie. Schon in den Jahren davor war das Heer der Unzufriedenen gewachsen, fanden Parteien am Rand des politischen Spektrums Zulauf, die als einzige eine stärkere aktive Teilnahme der Bürger an politischen Entscheidungsprozessen fordern und eben damit ein ureigenes Bedürfnis der menschlichen Psyche bedienen.

Die Bürger sind es längst leid, dass eine abgehobene Politikerkaste über ihre Köpfe hinweg entscheidet. Wer mangels wählbarer Alternativen nicht an der Wahlurne seinen Protest zum Ausdruck bringt, zieht sich in die passive Resignation zurück und übt Wahlenthaltung oder wettert im privaten Kreis und am Stammtisch. 2010 wurde der Begriff »Wutbürger« zum »Wort des Jahres« gekürt, ohne dass er bis heute an Aktualität eingebüßt hat. Medien forcieren diese Entwicklung, weil sie im Buhlen um Aufmerksamkeit emotionalisieren. Die Corona-Krise mit ihrer permanenten Panikmache hat das drastisch vor Augen geführt. Täglich gab es neue Höchstzahlen. Jedes Mal dazu ein Aufschrei. Doch wenn das Gefühl regiert, hat der Verstand Pause – auch in der Politik. Die Spitze des Eisbergs dieser absurden Gefühlsanheizung war für mich die folgende Schlagzeile: »Erstmals mehr als 12 000 Neuinfizierte – an einem Montag.«

TEIL V
Persönlichkeitsanforderungen an Politiker

Donald Trump hat der ganzen Welt vor Augen geführt, wie entscheidend die Persönlichkeit von Politikern das politische Geschehen beeinflusst, und die Pandemie hat offenbart, wie wertvoll stabile demokratische Strukturen sind, die einer Krise standhalten, selbst wenn die Führung richtungslos ist.

Doch woran sollen Wähler erkennen, wie geeignet ein Politiker für sein Amt und wie sattelfest er gegebenenfalls in einer Krise ist? Die Persönlichkeit eines Menschen verlässlich zu beurteilen ist schwierig. Ich spreche da aus der Erfahrung in meinem Beruf als Psychiater.

Der Fürst des kleinen Liechtenstein, Hans-Adam II., den ich mit seinen Überlegungen zum Staat der Zukunft noch zu Wort kommen lassen werde, hat dazu Folgendes formuliert: »Diejenigen, die meinen, dass die Mehrheit des Volkes intellektuell und moralisch unfähig ist … müssten … konsequenterweise ebenfalls die indirekte Demokratie ablehnen. Es ist nun einmal einfacher, eine Sachentscheidung zu fällen, als eine Personalentscheidung über einen Politiker, den man kaum kennt, und ein Parteiprogramm, von dem niemand weiß, ob es überhaupt umgesetzt wird.«

Doch lässt sich selbst in einer direkten Demokratie ohne Politiker keine Politik machen. Und so ist es, neben staatlichen Strukturen, die die Macht der Gewählten in ein solides Gerüst einbetten, unerlässlich, dass die Bürger sich mit der schlichten, doch gar nicht simplen Frage auseinandersetzen: Woran erkenne ich einen geeigneten Politiker? Oder anders formuliert: Welches Persönlichkeitsprofil sollte ein Politiker haben, und woran können wir Bürger als Laien seine Eignung erkennen?

Die folgenden sechs Eigenschaften erlauben ein Urteil darüber, ob ein Politiker gute Führungsqualitäten besitzt. Sie kommen in seinem Verhalten – politisch und privat –, in seinen Reden und in seinem Auftreten bei Veranstaltungen und in den Medien zum Ausdruck:

- **Intelligenz:** Ist der Politiker in der Lage, Probleme zu benennen und in klar verständliche Worte zu fassen? Sind die von ihm angebotenen Lösungsstrategien nachvollziehbar? Berücksichtigen sie die verschiedenen Facetten der Problemstellung? Entwickelt er überzeugend und klar eine Zukunftsperspektive, kann er also abstrakt denken und langfristig planen? Wie steht es um seine emotionale Intelligenz, um seine Fähigkeit, anderen zuzuhören, auf sie einzugehen, Kompromisse auszuhandeln?
- **Gesunder Narzissmus/Selbstliebe:** Wie ist sein Auftreten? Ist es ruhig, selbstbewusst und sachlich, auch in der Auseinandersetzung? Ist der Umgang mit anderen von Achtung und Rücksicht geprägt? Besteht Teamfähigkeit? Ist dennoch Durchsetzungskraft gegeben?
- **Gesundes Misstrauen:** Weiß er, auf wen er sich verlassen kann und auf wen nicht? Meist zeigt sich das am Geschick eines Politikers, die Karriereleiter im Gefüge seiner Partei zu erklimmen. Parteien sind nicht selten wahre Schlangengruben. Wer da blauäugig und naiv ist, der kommt nicht weit. Wer ein gesundes Misstrauen besitzt, umgibt sich mit Menschen, denen er wirklich vertraut, weil er unterscheiden kann, wer sein Vertrauen verdient und wer nicht. Wer hingegen allen misstraut, weil er im Kern paranoid ist, kann das nicht.
- **Moralische Integrität:** Besitzt der Politiker authentische Werte, die nicht nur publikumswirksam vorgebetet werden, sondern verlässlich sein Handeln und seine politischen Entscheidungen leiten? Steht dabei das Gemeinwohl über seinem persönlichen Vorteil? Auch hier hilft ein Blick auf den Karriereweg: Mit welchen Interessengruppen bestehen Vernetzungen und

gegebenenfalls Loyalitäten? Anders formuliert: Was nützt die Beschwörung sozialer Gerechtigkeit, wenn ein Politiker selbst im Luxus schwelgt und sich von zweifelhaften Gönnern Posten verschaffen lässt.

- **Mut:** Trifft der Politiker notwendige Entscheidungen im richtigen Moment und steht er für sie gerade?
- **Integrierte Persönlichkeitsstruktur:** Besitzt der Politiker ein stabiles Selbstbild? Ist sein Auftreten in unterschiedlichen Situationen dasselbe? Sind seine geäußerten Meinungen und Standpunkte konstant? Wie stellt er sich selbst dar, und wie schildert er andere gegenüber Dritten? Wann immer in der Selbstdarstellung und in der Beschreibung anderer Idealisierungen und Entwertungen vorherrschen, die zudem noch abrupt umschlagen, spricht das für eine psychische Spaltungsneigung, die ein Hinweis ist auf eine wenig integrierte Gesamtpersönlichkeit. Wer so ist, läuft Gefahr, unter Belastung zum Spielball seiner Emotionen zu werden.

Politiker in der heutigen Mediengesellschaft steigen nur dann in Führungspositionen auf, wenn sie bereits einen großen Bekanntheitsgrad besitzen. Aufgrund ihrer Medienpräsenz ist ihre Persönlichkeit für die Bürger transparenter geworden als früher. Im politischen Tagesgeschäft findet der aufmerksame Beobachter daher genügend Hinweise auf die charakterliche Eignung und die Qualifikation eines Politikers. Dabei sollte er besonders ein offenes Auge dafür haben, wie gezielt und bewusst ein Politiker manipulative Techniken einsetzt. Je massiver seine Manipulationsneigung ist, desto fragwürdiger ist seine Seriosität. Schließlich soll ein Politiker durch Argumente überzeugen können.

Ein weiteres hilfreiches Indiz für die charakterliche Eignung eines Politikers ist das Gefühl, das er in uns weckt, wenn wir ihm in seiner Medienpräsenz folgen. Denn das Gefühl, das ein anderer in uns auslöst, offenbart viel über seinen psychischen Zustand.

Unsere Spiegelneuronen stimmen sich unwillkürlich auf einen anderen ein, und so fühlen wir, wie er sich fühlt.

Vor allem der Narzissmus eines Politikers lässt sich gut daran abschätzen. Jeder Politiker muss narzisstisch sein, sonst würde er sich die Mühen einer solchen Arbeit nicht antun. Doch bei manchen wird eine übermäßige narzisstische Bedürftigkeit zur Bürde. Wer andauernd nach Bestätigung giert, richtet seine Entscheidungen nur an der kurzfristigen Bestätigung aus. In der permanenten Suche nach Bewunderung steht er so unter Druck, dass er pausenlos irgendwelche Handlungen setzt, ohne in Ruhe deren Konsequenzen abzuwägen. Die langfristigen Folgen sind ihm egal. Emotional getriebener Aktionismus ersetzt die Vernunft.

Wer aus seiner Bedürftigkeit heraus kränkbar ist, besitzt zudem meist ein hohes Aggressionspotenzial. Er reagiert wütend auf jede Kritik und lässt sich auch aus diesem Grund leicht zu irrationalen Handlungen hinreißen, neigt nicht selten sogar zu Gewalt. Unbewusst ist er davon überzeugt, dass andere Menschen insgeheim genauso aggressiv sind wie er selbst, weshalb er entgegen dem äußeren Schein im Kern oft ängstlich ist und bei wichtigen Entscheidungen zaudert.

Selbst bei der Auswahl seiner Berater besitzt ein übermäßig narzisstischer Mensch nur selten eine glückliche Hand, weil er sich tendenziell Mitarbeiter sucht, die ihm nicht widersprechen. Gewissenlose Karrieristen, narzisstische Klone und stumpfe Beharrer, die auf die Zeit danach warten, sind sicher keine Idealbesetzung für ein Team, das eine konstruktive, zukunftsgewandte Politik entwickeln soll.

Zudem nimmt, wer sich in seiner Außergewöhnlichkeit von anderen Menschen abgrenzt, für sich in Anspruch, sich ohne Skrupel über Gesetze hinwegsetzen zu können und es mit der Wahrheit nicht so genau nehmen zu müssen.

Weil unsere Medienwelt Politiker begünstigt, die sich auf ihre Selbstinszenierung verstehen, gelingt auch manchem eine politische

Karriere, der aus klinischer Sicht eine handfeste narzisstische Störung mit einer Borderline-Struktur besitzt. Die zeigt sich, wie wir schon gesehen haben, an einer gespaltenen Sicht auf die Welt mit vereinfachten, rigiden Freund-Feind-Schablonen und mit der Neigung, plötzlich von einem Extrem ins andere umzuschlagen. Bei einer solchen Spaltung ist Relativierung ein Fremdwort. Überdies sorgt das eigene Verhalten verlässlich dafür, dass andere sich entweder der extremen Weltsicht unterordnen oder aber das Weite suchen. Nicht selten von unfreiwilliger Komik begleitet ist dabei der Moment, in dem die Idealisierung eines anderen abrupt in eine Entwertung umschlägt. Wer gerade noch der beste Freund war, wird binnen Sekunden zum verhassten Feind. Wer gerade noch überschwänglich gelobt wurde, wird im nächsten Moment beflegelt und gefeuert.

Im Rampenlicht blüht ein narzisstisch gestörter Mensch strahlend auf wie jeder Narzisst. Weil er weiß, wie er andere manipulieren kann, nimmt er jeden für sich ein mit seinem ausgeprägten Charme. Muss er jedoch anderen zuhören und ruhig dasitzen, wird er rastlos, oder er verfällt in depressive Starre. Es geht immer nur um ihn. Wenig überraschend leidet darunter das Privatleben. Beziehungen halten nicht. Affären füttern das Ego. Im Dauerstress drohen psychische Probleme und Sucht.

An der Entstehung schwerer narzisstischer Störungen ist regelmäßig eine psychisch traumatisierende Vergangenheit beteiligt. Zur Abrundung der Frage, ob ein Politiker für eine Führungsposition geeignet ist, kann daher ein Blick in seine Biografie hilfreich sein, ein kurzes Durchforsten des Internets mit der Frage, ob es Hinweise auf einschneidende psychische Belastungen in seiner Kindheit gibt. Zwar können die im Lauf des Lebens überwunden, ja zur treibenden Kraft werden und in dem Versuch, frühere Machtlosigkeit zu überwinden, zu außergewöhnlichen Leistungen anspornen. Doch genauso können sie als Achillesferse, als verwundbare Stelle, erhalten bleiben, die die Belastungsfähigkeit in Krisensituationen schnell an ihre Grenzen bringt. Statt eines an der Realität orientierten Selbstbilds mit dem Wissen um die eigenen Fähigkeiten und um deren Grenzen dominieren dann massive Verzerrungen. Alles Eigene wird grandios, alles Fremde wertlos. Andere werden nur noch dazu instrumentalisiert, das eigene übersteigerte Selbstbild durch stetige Bewunderung zu stabilisieren. Wer mitspielt, wird als Teil der eigenen Grandiosität vereinnahmt, wer sich weigert, wird zum deklarierten Feind. Aggression bricht hervor und wird zu einem stabilen Teil des Weltbilds. Schuldzuweisungen sind an der Tagesordnung. Daneben wächst aus der Projektion der eigenen Aggression die Angst. Unbewusst wächst die Überzeugung, dass andere genauso aggressiv sind wie man selbst. Keinem ist mehr zu trauen, überall lauern Feinde. Im Kampf ums Überleben ist bald jedes Mittel recht.

Erscheint da nicht der Werdegang mancher Politikgröße in Geschichte und Gegenwart in einem viel klareren Licht?

TEIL VI
Mehr direkte Demokratie wagen

Angesichts der historischen Erfahrungen gerade im deutschsprachigen Raum – die Schweiz und Liechtenstein ausgenommen –, ist es mehr als verständlich, dass die Angst vor der Radikalisierung der Masse tief sitzt. Doch unterliegt nicht jede Menschenmenge automatisch dem Sog von Massenprozessen. Ganz im Gegenteil. Oft entscheidet die Menge gar nicht so falsch.

Das fand der Engländer Sir Francis Galton heraus, ein Cousin von Charles Darwin und so wie dieser ein vielseitig begabter Naturforscher. Aufgrund seiner kruden Theorien zu Intelligenz und Rasse ruinierte er sich seinen wissenschaftlichen Ruf nachhaltig, was aber nicht heißt, dass alle seiner Beobachtungen falsch waren. So besuchte er im England des 19. Jahrhunderts einen Jahrmarkt, auf dem gerade ein Wettbewerb stattfand. Wem es am besten gelang, das Gewicht eines ausgestellten Ochsen zu schätzen, der erhielt den Ochsen als Gewinn. Nachdem der Gewinner ermittelt worden war, sammelte Dalton die insgesamt 787 abgegebenen Stimmzettel ein und kam zu einem überraschenden Ergebnis: Der Mittelwert aller Schätzungen wich nur um 0,8 Prozent vom tatsächlichen Gewicht des Ochsen ab. Die Menge hatte Augenmaß bewiesen.

Wenn nicht gerade die Gefühle hochkochen und dadurch Massenprozesse in Gang gesetzt werden, sind Gemeinschaften überraschend kompetent. Man spricht hierbei von kollektiver oder Schwarmintelligenz. Wir kennen sie aus Ratesendungen im Fernsehen, wo es den Publikumsjoker gibt, der oft ins Schwarze trifft, wenn der Kandidat nicht weiterweiß.

Mehrheitsentscheidungen einer Gemeinschaft führen durchaus zu brauchbaren Ergebnissen – auch in der Politik, wo sie zudem den Vorteil haben, dass sie deutlich besser akzeptiert werden als Verordnungen von oben, weil sie eine für alle an ihnen Beteiligten nachvollziehbare Legitimation besitzen.

Vor diesem Hintergrund ist es nicht verwunderlich, wenn sich in repräsentativen Umfragen, etwa vom Meinungsforschungsinstitut YouGov oder von Infratest dimap, regelmäßig eine überwiegende Mehrheit der deutschen Bevölkerung für die Demokratie ausspricht – allerdings für eine direkte Demokratie und nicht für die Demokratie in ihrer aktuellen Ausprägung. Denn in der parlamentarischen Parteiendemokratie haben mehr und mehr Bürger den Eindruck, dass ihre Anliegen von den Politikern ignoriert werden. Weil andere über ihre Köpfe hinweg entscheiden, fehlt den Bürgern das Gefühl eigener Wirkmächtigkeit. Resignation, Wut und Radikalisierung sind die Folgen, wenn das Wesen der Demokratie, dass alle Macht vom Volk ausgeht, in der öffentlichen Wahrnehmung nicht mehr gegeben ist.

Wird dem entgegengehalten, die meisten Menschen seien nicht in der Lage, ihre Gefühle bei Bedarf im Zaum zu halten und verantwortungsvoll und rational zu entscheiden, heizt das bei den hierdurch Entwerteten die Wut nur weiter an, anstatt ihr entgegenzuwirken. Es regt sich Protest, der die Warnung der moralisierenden Elite vor drohender Emotionalisierung zu bestätigen scheint. Ein Teufelskreis entsteht.

Genau diese Entwicklung lässt sich in den vergangenen Jahren in den USA beobachten. Viele der wohlhabenden und gebildeten Großstädter in den Ballungsräumen an den Küsten in Ost und West sprechen dort schon seit Längerem vom Rest des Landes als den Flyover States oder Flyover Countries, deren Bewohnern sie weitgehend die Fähigkeit zu mündigen politischen Entscheidungen absprechen. Die daraus resultierende Wut der Belächelten spülte Donald Trump an die Macht. Er signalisierte den Wütenden Verständnis, war angesichts seines impulsiven Naturells glaubhaft in der Lage, ihre Befindlichkeit zu teilen. Dasselbe gelang am anderen Ende des politischen Spektrums dem deklarierten Sozialisten Bernie Sanders, selbst wenn es bei ihm letztendlich nicht für eine Präsidentschaftskandidatur reichte. Selbst wenn jetzt Joe Biden an der Macht ist, bleibt das Land gespalten. Denn ist die Politik erst einmal durch eine emotional geschürte Polarisierung aufgeladen, ist es schwer, die Spaltung wieder aufzulösen, weil Gefühle nur langsam abgebaut werden.

Auch in Europa sind bereits mehrere Länder von einer Radikalisierung erfasst worden. In Italien sind die traditionellen politischen Parteien verschwunden – Anarchisten und Nationalisten geben den Ton an. In Ungarn steht die Regierung nach der Lesart unseres Parteienspektrums weit rechts und die Opposition noch viel weiter. In Frankreich gewann Emmanuel Macron die Wahl, weil er eine Bewegung jenseits der klassischen Parteien ins Leben gerufen hatte, der als stärkste Gegenkraft die Nationale Front gegenüberstand. Noch sind in Deutschland die Parteien am rechten und linken Rand, die Alternative für Deutschland und die Linke, Randgruppen, die die Wut der Bürger kanalisieren und für ihre Zwecke instrumentalisieren. Doch sie gewinnen an Zulauf. Und was machen die Regierenden?

Sie zieren sich und verteilen Trostpflaster. Ich lebe seit vielen Jahren in Wien, ausgesprochen gerne. Die Lebensqualität ist hoch. Vieles hier funktioniert gut. Trotzdem hat die Frustration der Bürger in Österreich eine längere Vorgeschichte als die der Bürger in Deutschland, worauf ich ja bereits hinwies. Während der langjährigen Großen Koalitionen blieben nämlich Nationalratswahlen in Österreich faktisch ohne jede Konsequenz, weil die Regierung nach der Wahl regelmäßig dieselbe war wie davor – schließlich reichte es für beide Lager zu einer gemeinsamen Mehrheit. Die Wut darüber verstärkte den Zulauf zur FPÖ als deklarierter Protestpartei am rechten Rand des politischen Spektrums. Mit der Finanzkrise 2008 drohte sich dieser Trend weiter zu verschärfen, weil die Maßnahmen der Regierung gegen die Krise für die Bürger nicht nachvollziehbar waren. Das sonst immer knappe Geld war auf einmal großzügig vorhanden und floss ungefragt über ihre Köpfe hinweg in die Rettung von Banken, deren Manager weiterhin sechs- bis siebenstellige Boni einstrichen.

2010 folgte die finanzielle Rettung Griechenlands, weil eine Pleite des Landes den Euro gefährde, so lautete die offizielle Begründung. Die Tatsache, dass in den USA andauernd Teile des Landes bankrott sind, davon jedoch die Stärke des Dollars als Weltleitwährung nicht berührt wird, stellte diese Begründung auf wackelige Beine. Wenn Städte wie Detroit oder Bundesstaaten wie Illinois kein Geld mehr haben, stellen sie ihre Zahlungen ein – und die öffentlich Bediensteten gehen leer aus. Das ist tragisch, aber dem Dollar ist das egal. So wenig wie die Behauptung, ohne eine finanzielle Rettung Griechenlands werde der Euro kollabieren, für die Bürger in Österreich nachvollziehbar war, so wenig wurden sie dazu gefragt. In Deutschland war das bekanntlich nicht anders.

Um der aufkeimenden Wut ihrer Bürger den Wind aus den Segeln zu nehmen und der drohenden weiteren Radikalisierung entschieden entgegenzutreten, beschloss die Regierung der Stadt Wien, dem offenkundigen Wunsch ihrer Bürger nach mehr direkter Mitsprache nachzukommen. Eine Volksbefragung wurde angesetzt, im Vorwahlkampf, auf Kosten der Steuerzahler. Europa stand am Abgrund, täglich meldeten das die Nachrichten, und endlich wurde der Bürger direkt befragt – zu den folgenden fünf Themen: Hundeführerschein, City-Maut, Ganztagsschule, durchgehender U-Bahn-Verkehr an Wochenenden und Beibehaltung der Hausbesorger (das sind in Österreich die Hausmeister). Der Stimmenanteil für die Protestpartei FPÖ, die durch die direkte Bürgerbeteiligung hatte begrenzt werden sollen, verdoppelte sich in der anschließenden Wahl beinahe auf mehr als 25 Prozent.

Wenn erst die wirtschaftlichen Folgen der Corona-Krise die Finanzbelastungen der Finanzkrise 2008 in den Schatten stellen und wieder die Bürger ungefragt zur Kasse gebeten werden, steht zu befürchten, dass auch in Deutschland, in Österreich und in anderen Staaten politische Verwerfungen wie in Italien in den Bereich des Möglichen rücken. Die Bürger haben sich zu Krisenbeginn willig entmündigen lassen, weil sie Angst hatten. Doch die Angst geht vorüber. Ob die Bürger dann weiter bereit sein werden, ihre fortdauernde Entmündigung widerspruchslos in Kauf zu nehmen? Oder werden die Verantwortlichen nach ihrer Verantwortung gefragt werden, wenn ungefragt die Rechnung präsentiert wird?

Wandel, aber wie?

Vergleichbar dem strukturell konservativen Aufbau unseres Gehirns schlägt geplanten politischen Änderungen erst einmal Ablehnung und Skepsis, wenn nicht gar heftiger Widerstand entgegen. Erst durch einen Anstoß von außen – ein einschneidendes Ereignis oder eine Persönlichkeit, die eine aufgestaute Stimmung kanalisiert – kann es in einer verkrusteten Struktur plötzlich zu einem radikalen Umbruch kommen, sofern ihm zuvor durch Unzufriedenheit und Wut der Nährboden bereitet wurde.

Revolutionen unterliegen demselben psychischen Auslösemuster, nach dem auch wir als einzelner Mensch unser Verhalten ändern. Wenn wir gesünder essen, mehr Sport treiben, weniger fernsehen oder andere vertraute Gewohnheiten hinter uns lassen wollen, genügt uns selten der gute Vorsatz allein. Meist benötigen wir einen zusätzlichen Anstoß von außen, eine Krankheit, die uns zwingt, unsere Lebensweise anzupassen, oder jemanden, der uns motiviert und mitreißt.

Neurobiologisch gesehen benötigen wir einen mehr oder weniger sanften Schubs, der uns aus einer routiniert arbeitenden Schablone unseres Gehirns in die eines neuen Verhaltensmusters hineinkatapultiert. Wird anschließend das neue Muster eingeübt und stabil im Verhalten verankert, bleiben wir dem neuen Muster treu, sofern nicht wieder ein Anstoß von außen uns zu einer weiteren Änderung bewegt. Oder aber die Macht der Gewohnheit uns in das ursprünglich vertraute Muster zurückfallen lässt wie bei einem trockenen Alkoholiker, der wieder zur Flasche greift.

Sowohl das Festhalten am Bewährten als auch einmal losgetretene Wandlungsprozesse unterliegen der Tendenz zur Selbstverstärkung. Politiker, die sich dieser Dynamik nicht bewusst sind oder sie nicht zumindest intuitiv spüren, laufen Gefahr, sich einer solchen Selbstverstärkungstendenz entgegenzustellen – und dann zu scheitern. Sei es, dass sie sich einem Wandel verschreiben, den keiner haben will, oder sei es, dass sie die Zeichen der Zeit verkennen und an ihrem Sessel kleben bleiben, obwohl dessen Beine längst angesägt sind.

Wie beharrlich bestehende Strukturen einem Wandel im Weg stehen, belegen die wiederholten Versuche der Politik, grundlegende Änderungen in Bildung, Gesundheit oder Steuergesetzgebung auf den Weg zu bringen. Umgekehrt wurden die Mitglieder des Staatsrats der DDR in den letzten Tagen vor dem Mauerfall vom einmal losgetretenen Wandel überrollt, als das bisherige Gleichgewicht längst zugunsten einer neuen Ordnung gekippt war.

Ich habe beschrieben, wie die Selbstverstärkungstendenz eines jener psychischen Muster ist, die in der Struktur unseres Gehirns begründet sind. Doch ich habe auch dargelegt, dass wir Menschen die besondere Fähigkeit besitzen, uns selbst bewusst steuern zu können. Damit sind unsere Entscheidungsprozesse nicht automatisch den psychischen Mustern unseres Gehirns unterworfen, sondern wir können aktiv gegensteuern, wo wir das wollen, sofern wir uns diese Automatismen bewusst machen. Ab der Abstraktionsebene der Theory of Mind wird der Geist selbst zur entscheidenden Stellgröße für unsere Persönlichkeit, weil er das Organ Gehirn steuern lernen kann. Letztlich ist Selbststeuerung die Basis dafür, als erwachsener, mündiger Bürger zukunftsgerichtete Entscheidungen treffen zu können. Voraussetzung dafür ist allerdings, dass wir diese Fähigkeit im Lauf unserer psychischen Entwicklung lernen.

Eigentlich müsste die Abstraktionsebene der Theory of Mind Vorbedingung für jedes politische Amt sein, denn wie soll ein Politiker in der Lage sein, zukunftsweisende Maßnahmen zu initiieren, wenn er sich von deren möglichen Konsequenzen keine realitätsnahe abstrakte Vorstellung machen kann? Da psychologische Eignungstests bei politisch Ambitionierten auf wenig Gegenliebe stoßen dürften, müssen die Bürger sich selbst ein psychologisches Bild von ihren Politikern machen. Die von mir vorgestellten Persönlichkeitskriterien helfen dabei, denn wer eine integrierte Persönlichkeitsstruktur besitzt, der besitzt auch eine Theory of Mind.

Dauerhaft wäre es allerdings vielversprechender, die Bürger würden in ihrer eigenen Persönlichkeitsentwicklung so weit gefördert, dass sie sich in den Fallstricken der Psyche auskennen und eine stabile Eigenverantwortung für direkte demokratische Entscheidungen an den Tag legen. Kurz gesagt müssten sie durch Bildung psychisch erwachsen werden. Überhaupt ist Wissen die Grundlage politischer Entscheidungskompetenz. Eine Gesellschaft der Zukunft mit eigenverantwortlicher Gestaltung der Politik durch die Bürger muss daher, wie 1997 von Tony Blair gefordert, vor allem bei der Bildung ansetzen.

Bildung zum mündigen Bürger

Natürlich ist eine direkte Demokratie gebildeter Bürger aus heutiger Sicht Zukunftsmusik. Doch eine solche Vision konfrontiert die Politik mit der Forderung, Voraussetzungen dafür zu schaffen. Die in politischen Diskussionen regelmäßig zu Recht formulierte Notwendigkeit einer Reform des Bildungswesens gewinnt hier eine entscheidende Dimension hinzu.

»Nicht schon wieder eine Bildungsreform«, mag der Reflex bei dem einen oder anderen sein, der in seiner eigenen Schullaufbahn oder in der seiner Kinder selbst zum Versuchskaninchen diverser Reformansätze wurde, die nicht hielten, was sie versprachen. Die Ursache für das wiederholte Scheitern politisch verordneter Bildungsreformen ist vor allem darin zu sehen, dass bei ihnen das Wesentliche außer Acht gelassen wurde: die Regeln, nach denen unser Gehirn arbeitet.

Sie zu berücksichtigen würde nicht nur die so oft mangelhafte Motivation der Schüler und damit auch der Lehrenden verbessern. Vielmehr würde ein Bildungssystem, das etwa gezielt die angeborene Neugier unseres Gehirns nutzt und fördert, das allgemeine Bildungsniveau anheben helfen, weil das hirneigene Belohnungssystem in den Dienst der Wissensaneignung gestellt würde.

Generell sollte Bildung Methoden vermitteln, mit deren Hilfe Wissensbereiche erarbeitet werden können, damit die Schüler selbst denken und urteilen lernen und sich dadurch eine eigene fundierte Meinung bilden können. Oberflächliches Wissen findet sich grenzenlos im Internet, doch das wirkliche Erschließen eines Themas gelingt nur dem, der gelernt hat, wie das Netz dazu genutzt werden kann.

Bildung sollte gezielt die Neugier der Schüler wecken, um sie bei der Entdeckung und Entfaltung ihrer unterschiedlichen individuellen Stärken zu fördern. Schließlich sollen sie später ihre Begabungen bestmöglich einsetzen können. Das aktuelle Schulsystem hat vorwiegend zum Ziel, Schwächen auszugleichen. Zwar kann jeder Schulabgänger einigermaßen lesen, schreiben und rechnen, oft auch mehr. Doch haben viele junge Menschen keine Ahnung von ihren Stärken und ihren Interessen und wissen daher bei Schulabschluss nicht, was für einen Beruf sie ergreifen sollen. Mit einer solchen Desorientierung ist der Frust vorprogrammiert.

Um effizient zu sein, muss Bildung den wichtigsten Aspekt unserer Psyche, die Bindung, berücksichtigen. Schüler brauchen, um motiviert und gut lernen zu können, einen Lehrer, der seine Schüler als Vorbild und Mentor unterstützt. Finnland macht vor, wie das erfolgreich geht und wie dort die Klasse unter ihrem Mentor gemeinschaftlich und hochmotiviert lernt. Voraussetzung dafür ist allerdings eine grundlegende Aufwertung des Lehrerberufs.

Eine zeitgemäße Bildung sollte nicht nur die Digitalisierung im Blick haben, um die Konkurrenzfähigkeit der Wirtschaft zu fördern, sondern sie sollte auch die Grundlagen unserer Psyche beinhalten, um dadurch psychische Gesundheit und individuelle Lebenszufriedenheit zu fördern und zugleich die psychische Grundvoraussetzung für echte demokratische Verantwortungsfähigkeit der späteren Bürger zu schaffen.

Zentrale Lehrinhalte sollten sein: die psychischen Grundbedürfnisse nach Bindung und Wirkmächtigkeit, das Zusammenspiel von Gefühl und Verstand, die Manipulierbarkeit unserer Psyche, ein Verständnis von Traumata und ihren Auswirkungen auf psychische Prozesse, die Dynamik von Spaltungsprozessen, die Auswirkungen von Stress.

Gerade die Bedeutung von Stress sollte Allgemeinwissen werden – so selbstverständlich wie Grundrechenarten oder Verkehrsregeln. Wer Kenntnis darüber hat, wie er mit Stress umgehen und wie er übermäßigen Stress vermeiden kann, fördert nachhaltig seine Gesundheit genauso wie seine Fähigkeit zu psychischer Selbststeuerung, die ein wichtiger Schritt auf dem Weg zu einem von mündigen Bürgern getragenen Staat ist.

Auch Konfliktlösungsmodelle gehören in den Unterricht, weil das Leben in der Gemeinschaft jedem Einzelnen zu Recht abverlangt Auseinandersetzungen konstruktiv zu führen, also Kompromisse zu finden, statt in Gewalt oder Resignation zu flüchten. Weil es dabei um das Einüben von Verhaltensmustern geht, sollten solche Ansätze praktisch und nicht nur theoretisch vermittelt werden. Andernfalls kann die in der Alltagspraxis dafür erforderliche Impulskontrolle nicht gelernt werden. Wie ein Unterricht in Konfliktlösung aussehen kann, dazu gibt es als Reaktion auf die in Schulen eskalierende Jugendgewalt bereits Modelle, die sich im Schulalltag bewährt haben. Schule kann durch solche praktischen Lebensbezüge zu dem werden, was sie sein soll: eine Ausbildung für das Leben.

Der Psychiater Manfred Cierpka entwickelte in Heidelberg ein Programm zur Nachreifung von Mitgefühl bei Jugendlichen und erreichte dadurch eine Verminderung ihres Gewaltpotenzials. Ebenfalls in Heidelberg führte der Schuldirektor Ernst Fritz-Schubert 2007 das neue Fach »Glück« ein. Inzwischen beteiligen sich mehr als 200 Schulen in Deutschland, Österreich, Italien und der Schweiz am »Glücksunterricht«. Dabei entwickelte der Pädagoge aus den Werten antiker griechischer Philosophen Regeln für das Miteinander. Gerechtigkeit, Mäßigung, Tapferkeit und Weisheit bilden die Theorie, doch entscheidend ist, dass Lehrer und Schüler sich selbst und ihre Werte in die Unterrichtspraxis einbringen. Der Glücksunterricht hat das Ziel, »junge Menschen zu zufriedenen und selbstsicheren Männern und Frauen auszubilden«, so

Fritz-Schubert. »Schüler brauchen mehr Orientierung und weniger Sachwissen. Gute Kenntnisse in Mathe und Deutsch sind keine Garantie für ein gelingendes Leben.« Es gehe nicht darum, das Negative auszumerzen, sondern das Positive zu stärken. Anstatt den Fokus auf das Defizitäre zu legen, auf das, was ein Schüler nicht kann, wird die Aufmerksamkeit auf seine Stärken gelenkt und auf das, was seine Persönlichkeit ausmacht.

Bildung kann und sollte Schüler auch an ihre spätere Aufgabe als mündige Bürger heranführen, sie gezielt zu politischer Selbststeuerung erziehen. Philip Zimbardo hat die Erkenntnisse aus seinem Gefängnis-Experiment dazu genutzt, um ein Programm zu entwickeln, das Kinder mithilfe von Lehrvideos, Diskussionen und Übungen zu kleinen Helden erziehen soll, die später einmal große Helden werden. Es ist leicht herauszuhören, dass sein Ansatz genuin amerikanisch ist, da bei uns der Begriff des Heldentums historisch belastet ist (wiewohl er sich, seitdem es »unsere Corona-Helden« gibt, neuer Beliebtheit erfreut). Zimbardos Idee, Kinder anhand von lebendigen Vorbildern in realitätsnah dargestellten Alltagssituationen zu Hilfsbereitschaft, Empathie, Toleranz und Mut zur eigenen Meinung zu erziehen, klingt Erfolg versprechend, um auch bei uns ein konstruktives gesellschaftliches Miteinander zu fördern.

Zusätzlich sollte Kindern die Kultur des demokratischen Meinungsaustauschs vermittelt werden, in der jeder ein Recht auf seine Meinung hat, Argumente vorgebracht, gehört und anschließend abgewogen werden. Voraussetzung dafür ist eine ausreichende Impulssteuerung, damit der Verstand und nicht Gefühle die Diskussionen beherrschen. Wie bei der Konfliktlösung sind daher auch bei der Diskussionsführung praktische Übungen im Unterricht unerlässlich.

Weil sich keineswegs nur bei uns, sondern global entscheidet, wohin sich unsere Menschheit entwickelt und ob wir ihrer aktuellen existenziellen Bedrohungen Herr werden, sollte es uns ein dringendes Anliegen sein, Bildung weltweit zu fördern.

Klimawandel und Migration sind nur zwei Bereiche, die uns drastisch vor Augen führen, dass alle Menschen am Ende des Tages in einem Boot sitzen. Nur durch Bildung lassen sich Verantwortungsbereitschaft und Wohlstand auch in den Ländern aufbauen, die wesentlich an der Bevölkerungsexplosion, an Umweltverschmutzung und Naturvernichtung beteiligt sind. Nur eine gebildete und ausreichend wohlhabende Bevölkerung wird in der Lage und gewillt sein, an der Eindämmung dieser Probleme mitzuarbeiten.

Laut UNO ist Bildung in den Entwicklungsländern der entscheidende Schlüssel für die Bekämpfung von Armut und für eine Verlangsamung des Bevölkerungswachstums. Besonders auf die Bildung der Frauen kommt es dabei an, weil gebildete Frauen weniger Kinder zur Welt bringen, um besser für deren Wohlergehen sorgen zu können.

Anders als bei uns in Europa, wo der freie Zugang zu Büchern und zum Internet für die meisten selbstverständlich ist, fehlt beides in vielen Ländern wegen Geldmangels oder wegen ideologischer Beschränkungen. Projekte, die Bildung mittels Online Learning auch in entlegene Regionen der Erde tragen, eröffnen neue Perspektiven für eine Entwicklungshilfe, die wirklich hilft. Bildung, die in den armen Ländern der Welt eine selbstständige Weiterentwicklung anstößt, ist die einzig wirksame Vorbeugung gegen ungewollte Flüchtlingsströme und zugleich gegen die drohende Gefahr des Terrors.

Terror und kein Ende

Ich begann dieses Buch mit einer Schilderung der Atmosphäre in der Wiener Innenstadt am Abend des 2. November 2020 vor dem zweiten Lockdown. Während ich die einleitenden Zeilen schrieb, geschah in meiner unmittelbaren Nachbarschaft Ungeheuerliches. Wir ahnten von nichts. Polizeisirenen heulten, aber das ist nichts Ungewöhnliches mitten in der Innenstadt. Erst als Freunde anriefen und sich bei uns erkundigten, ob wir in Sicherheit seien, erfuhren wir, was gerade um uns herum geschah. Wir informierten uns im Internet, wo die Berichterstattung chaotisch ablief. Mehrere Terroranschläge seien gleichzeitig in verschiedenen Innenstadtlokalen auf die dort an diesem Abend so besonders zahlreichen Gäste verübt worden. Etliche Tote und Verletzte seien zu beklagen. Keiner solle das Haus verlassen. Erst langsam, im Lauf der Nacht, kristallisierte sich heraus, dass ein einzelner Mann mit eindeutigen Verbindungen zur islamistischen Szene wütend um sich schießend durch die Innenstadt marodiert war. Er tötete vier Menschen und verletzte dreiundzwanzig weitere zum Teil schwer, bevor er nach neun Minuten Blutbad selbst von der Polizei erschossen wurde. Das tragische Ereignis war weniger ein gezielter Terroranschlag, als der terroristische Amoklauf eines Einzeltäters.

Mit einem Schlag war die Gefahr durch radikalislamische Terroristen, die seit vielen Jahren den Westen bedroht und mit den Anschlägen des 11. September 2001 in den USA zum ersten dramatischen Höhepunkt geführt hatte, trotz Corona wieder in aller Munde. Das Entsetzen war groß. Doch was können wir, was kann die Politik tun, um dieser Gefahr wirksam zu begegnen?

Die entscheidenden Fragen dabei sind: Wer wird Terrorist? Warum wird jemand Terrorist? Und weshalb erhält der fundamentalistische Terrorismus in weiten Teilen der islamischen Welt Unterstützung?

Um auf diese Fragen Antworten zu finden, ist es notwendig, sich im Detail den Hintergründen für die Radikalisierung der späteren Täter zuzuwenden. Nehmen wir Osama bin Laden. Er stammte aus einer reichen saudischen Familie. Während seiner Studienzeit war er häufig zu Gast in Nachtklubs, Casinos und Bars. Er sprach dem Alkohol zu und war bekannt als Frauenheld. Plötzlich wie aus dem Nichts ließ er sein »sündiges« Dasein hinter sich, zog sich mit seinen vier Frauen und fünfzehn Kindern von der Welt zurück und lebte fortan mit ihnen in einer kleinen Höhle ohne fließendes Wasser, um von dort aus einen Kampf zu predigen gegen alle, die so lebten wie bis dahin er selbst. Man könnte versucht sein, ihn für verrückt zu erklären, doch missversteht man ihn damit und wird ihm und der Begeisterung, die er bis heute entfacht, nichts Wirksames entgegensetzen können.

Verständlich wird das Bild aber, wenn man im Verhalten bin Ladens eine psychische Spaltung erkennt – hier alles gut, da alles böse –, die seine Ideologie durchzieht wie ein roter Faden und die erklärt, wie sein Verhaltensumschwung entstanden sein dürfte. Von massiven Gewissensbissen geplagt und in Sorge um sein Seelenheil, schlug bei dem bis dato Sündigen die Spaltung abrupt um. Auf einmal projizierte er alles Schlechte von sich weg auf den von ihm deklarierten Feind. Während er selbst in die idealisierte Askese flüchtete, deklarierte er den gottlosen westlichen Lebensstil zum Quell allen Übels und schob ihm die Schuld für seinen lange so sündigen Lebenswandel zu, dessen teuflischen Verlockungen nicht nur er selbst, sondern viele seiner Glaubensbrüder erlegen waren.

Doch wieso fand und findet er immer noch mit seinen radikalen Hasspredigten Gehör? Die Antwort lautet: Weil Osama bin Ladens psychisches Weltbild mit seiner radikalen Spaltung und seinem hohen Maß an Aggression genau das Bedürfnis seiner Anhänger anspricht. So wie Hitler mit seinen aggressiven Hetzreden und Beschwörungen die zahllosen Traumatisierten und Gekränkten in der Weimarer Republik einfing, erhält der Hass von Osama bin Laden in den Ländern der arabischen Welt Beifall, weil dort die Zahl der Traumatisierten und Gekränkten größer ist als an jedem anderen Ort.

Die eklatanten sozialen Ungerechtigkeiten treffen auf die verheerenden Folgen langjähriger Kriege und auf ein religiöses Theoriegebäude, das im Selbstverständnis bereits auf einer massiven Spaltung fußt – Gläubige gegen Ungläubige – und an dessen Ursprung eine schwere Kränkung steht. Denn gemäß der Legende, die der Islam an seinen Ursprung setzt, beruft er sich genau wie das Judentum auf Abraham/Ibrahim als Stammvater. Während sich die Juden als Abkömmlinge von Isaak, dem Sohn von Abraham und seiner Frau Sara verstehen, sehen sich die Anhänger des Islams als Nachfolger von Ismail, dem zwar erstgeborenen, aber unehelich gezeugten Sohn Ibrahims. Zusammen mit seiner Mutter Hagar, Saras ägyptischer Magd, wurde er von seinem Vater verstoßen, als der ehelich gezeugte Stammhalter Isaak auf die Welt kam.

Genau diesen Kränkungen, den überlieferten und realen, begegnete Osama bin Laden, indem er sich den mächtigsten Gegner der Welt suchte, um sich mit ihm auf Augenhöhe zu messen, die USA. Sie wurden zum Ziel seines Angriffs als maximale symbolische Machtdemonstration. Seine eigentlichen Feinde aber waren die Israeli und die mit ihnen kooperierenden Milliardäre am Golf, die im Geldrausch des Öls die eigenen moralischen Grundfesten den Verlockungen des Luxus opferten und entgegen allen Solidaritätsbekenntnissen ihren armen Glaubensbrüdern kaum finanzielle Unterstützung zukommen ließen. Mit den USA als Gegner bewies bin Laden Wirkmächtigkeit und Grandiosität und gewann so in Scharen die Bewunderung der gekränkten Massen für sich. Emotional empfänglich für seine Tat waren und sind die Menschen im Nahen und Mittleren Osten, weil sie sich angesichts des Reichtums ihrer Verwandten ungerecht behandelt fühlen und weil sie psychisch schwer traumatisiert sind. Wer in Ländern wie Afghanistan, Libanon oder Palästina lebt, hat einen stabilen Frieden nie kennengelernt. Dauerkrieg ist der Normalzustand.

Weil, wie ich beschrieben habe, psychische Traumata die Stressverarbeitungskapazität beeinträchtigen und zu abgespaltenen Aggressionen führen, leiden Traumatisierte häufig an Depressionen. Wenig überraschend kam eine Studie der israelischen »Ärzte für Menschenrechte« zu dem Ergebnis, dass 97 Prozent der afghanischen Frauen unter schweren Depressionen leiden. Diese offensichtliche Folge der Traumata bleibt nicht auf die Mütter beschränkt. Sie geben ihre Traumata an ihre Kinder weiter.

Wie sehr sich durch den endlosen Krieg Aggression und Gewalt in den Köpfen der Menschen festgesetzt haben, belegt die Aussage einer Mutter eines palästinensischen Selbstmordattentäters: »Ich war sehr glücklich, als ich es erfuhr. Ein Märtyrer zu sein, das ist etwas. Nur wenige Menschen können das. Ich habe gebetet, um Gott zu danken. Ich weiß, mein Sohn ist nahe bei mir.« Statt Trauer und Mitgefühl zu empfinden, regiert bei dieser Mutter erkennbar der Hass. Aus dem eigenen Trauma heraus reagiert sie ihre abgespaltene Aggression unbewusst an ihrem Kind ab.

Das Gemisch aus Kränkung und Trauma bildet die Grundlage für den Zulauf, den al-Qaida und andere Fundamentalisten weiterhin finden. Es bringt Menschen dazu, zu morden und ihr eigenes Leben zu opfern. Die Aggression aus dem Trauma bricht hervor, und zugleich wird die Kränkung überwunden. Nicht nur wird ein Selbstmordattentäter mit den Verlockungen des Paradieses, der idealisierten Gegenwelt zu seinem frustrierenden Erdendasein, geködert, sondern seine Tat macht ihn zum Helden. Sie katapultiert ihn auf die Seite des glorreichen Guten innerhalb der drastischen psychischen Spaltung, in der er bis dahin als Opfer gelebt hat. Oder als Sünder, denn die Überwindung von Schuld über das bis dato eigene sündige Dasein ist eine weitere Triebfeder für Terroristen. Sie erklärt, warum die meisten Attentäter wie Osama bin Laden selbst aus durchaus geordneten sozialen Verhältnissen kommen. Sie büßen durch ihre Tat für einen zu lockeren Lebenswandel, oder sie fühlen sich schuldig dafür, dass sie in einer Normalität leben können, die im krassen Kontrast steht zu der himmelschreienden Ungerechtigkeit ihrer verarmten und von Hass aufgeladenen Umgebung. Gerade die von der Spaltung der Verhältnisse genährte Schuld würde jedoch niemals ihre explosive Kraft entfalten ohne die Hirnwäsche der spaltenden Ideologie des islamischen Fundamentalismus, der exemplarisch dafür ist, wie Traumata und Kränkungen zum Motor für Gewalt werden.

Sosehr es auf den ersten Blick logisch erscheint, islamistische Gewalt mit Gegengewalt zu bekämpfen, erweist sich der »Krieg gegen den Terror« als kontraproduktiv, weil er die endlose Kette an Traumata nur fortsetzt. Mehr noch verschafft er den Islamisten die ersehnte Aufmerksamkeit als Ausgleich für ihre empfundenen Demütigungen. Und schlimmer noch rechtfertigt er scheinbar ihre gespaltene Weltsicht und fördert dadurch immer weiter die Radikalisierung.

Anstatt andauernd weiter Öl ins Feuer der radikalen Zuspitzung zu gießen, sollte der Westen nach Strategien suchen, die dabei helfen, die massiven Spaltungen abzubauen. Vor einiger Zeit sprach ich am Rande einer Fernsehdiskussion mit einem Militärspezialisten, der die NATO berät. Er gestand mir, dass die NATO-Führung ratlos sei, was ihr weiteres Vorgehen bei ihrem Einsatz in Afghanistan anbelangt. Die Lage dort eskaliere, ohne dass ein Ausweg erkennbar sei. Bislang unaufhaltsam drängten die Taliban zurück an die Macht. Für mich wurde in dem Gespräch deutlich, wie ehrlich bemüht der Mann war und wie sehr ihm zugleich das

Verständnis für die entscheidende Ursache des nicht enden wollenden Konflikts fehlte, die fortgesetzten Traumatisierungen mit ihren abgespaltenen Gefühlen und ihren Opfer-Täter-Dynamiken.

Wo steht Afghanistan heute? Am 2. Dezember 2020 unterzeichneten Regierung und Taliban ein Abkommen als Fahrplan zum Frieden. Nur zehn Tage später flammten die Kämpfe erneut auf, und die Friedensverhandlungen wurden ausgesetzt. Nicht zum ersten und sicher nicht zum letzten Mal. Denn solange die entscheidende Dynamik fortgesetzter Traumata, von Gewalt und Gegengewalt, nicht durchbrochen wird, werden die radikalsten Kräfte das Land weiter im Würgegriff halten.

Anstatt ihnen offenen Auges dabei zuzusehen und in einem nicht enden wollenden Militäreinsatz zu scheitern, sollten UN und NATO einen echten Marshallplan für Afghanistan entwickeln, bei dem in anfangs militärisch zu schützenden Zonen das normale friedliche Leben zurückkehren kann mit lokaler Wirtschaft, mit Schulen, mit der dort gelebten Kultur. Parallel dazu müsste damit begonnen werden, die Folgen der psychischen Traumata in der Bevölkerung zu begrenzen. Aufklärende Information zur Einordnung der emotionalen Reaktionsmuster und wirksame Therapie müssten Hand in Hand gehen, um zu verhindern, dass Gewalt und Depression weiter ungefiltert an die Kinder weitergegeben werden. Programme zur Überwindung von Traumata existieren längst und wurden bereits erfolgreich eingesetzt, etwa zur Eindämmung der psychischen Folgen bei der Tsunamikatastrophe 2004. Zur Finanzierung eines solchen koordinierten Hilfsprogramms für Afghanistan sollten die reichen Golfstaaten in die Pflicht genommen werden, um dadurch der Spaltung zwischen den Ölmilliardären und ihren armen, fundamental islamistischen Nachbarn entgegenzuwirken. Fraglos läge das im Eigeninteresse der Golfstaaten, schließlich richtet sich der Kampf der Islamisten ja wesentlich gegen sie. Sollte es gelingen, auf diese Weise stabile geschützte Regionen von Normalität zu errichten, kann schrittweise versucht werden, die moderaten Kräfte der Taliban in diese Entwicklungszonen einzubinden und sukzessive die Territorien funktionierender Staatlichkeit zu erweitern.

Ein entsprechendes Vorgehen empfiehlt sich auch für Palästina, wo dieselben Radikalisierungsdynamiken am Werk sind, die sich dort noch zusätzlich in der wechselseitigen Gewalt mit radikalen jüdischen Gruppierungen aufschaukeln.

Für die USA würde sich eine erfolgreiche Konfliktlösung unter gezielter Einbeziehung der psychodynamischen Wurzeln in den Krisenherden des Nahen und Mittleren Ostens gleich mehrfach rechnen. Sie würden Mühen, Kosten, ja, Menschenleben sparen und damit Ressourcen für die Lösung anderer dringend anstehender Probleme freisetzen. Und sie würden nicht länger die Folgen zu tragen haben, die sie sich durch das Entsenden von Soldaten zu fernen Kampfeinsätzen ins eigene Land holen. Viele dieser Soldaten kehren schwer traumatisiert nach Hause zurück und tragen dadurch ein Potenzial an abgespaltenen Aggressionen in sich mit den bekannten Langzeitfolgen von Gewaltneigung, Depression, Alkohol- und Drogenmissbrauch. Damit nicht genug, geben sie ihre Traumata potenziell weiter, die damit, einmal eingeschleppt, über Generationen hinweg in der Gesellschaft virulent bleiben.

Was die USA schon mit ihren Vietnamveteranen erlebt haben, deren tragisches Schicksal zum kollektiven Trauma wurde, erleben sie jetzt wieder mit den Kriegsheimkehrern aus dem Irak und aus Afghanistan. Und dort, an Euphrat und Tigris und am Hindukusch, sind auch deutsche Soldaten unterwegs.

Die Überwindung von Krieg

Kriege sind seit Menschengedenken Teil der Politik. Doch das muss nicht so bleiben. Viel spricht dafür, dass Kriege zwischen Demokratien deutlich seltener sind, als wenn undemokratische Parteien in einem Konflikt miteinander stehen. Demokratisierung ist damit auch Friedenssicherung. In den seltenen Fällen, in denen es zwischen zwei Demokratien zu kriegerischen Auseinandersetzungen kam – so zwischen Indien und Pakistan oder dem Libanon und Israel –, waren daran immer Massenprozesse beteiligt. Das bedeutet: Überall dort, wo es gelingt, demokratische Verhältnisse zu schaffen und Massenprozesse zu verhindern, sollten sich Kriege in Zukunft vermeiden lassen.

Entscheidende Grundlage dafür muss ein klares Regelwerk für die Lösung von Konflikten sein mit einer zielorientierten Verhandlungsstrategie. Jedes Zusammenleben erfordert Zugeständnisse, und so ist auch jedes Miteinander von Staaten auf Kompromisslösungen angewiesen, wenn unterschiedliche Interessen aufeinandertreffen.

Wenn sich ein Konflikt trotz Verhandlung nicht lösen lässt, liegen ihm in der Regel Kränkungen und aufgeheizte Aggressionen zugrunde, die auf frühere traumatische Erfahrungen zurückgehen. Entweder sind dadurch die Forderungen der einen Seite überzogen, oder beide Seiten schieben sich gegenseitig ihre aufgestauten Aggressionen zu und schaukeln sich dadurch hoch, bis es wieder kracht. Eine Verhandlungslösung ist bei einer solchen

Ausgangslage nur aussichtsreich, wenn die durch die Traumata hervorgerufenen Gefühle benannt, anerkannt und damit eingegrenzt werden können. Das Drama der Gefühle gehört heruntergefahren, um der ruhigen Arbeit des Verstands Raum für echte Kompromisse zu geben. Hierzu bedarf es in der Regel eines unparteiischen Vermittlers.

Ein regelrechtes Lehrbeispiel für einen durch unaufgelöste psychische Altlasten ewig am Leben erhaltenen Konflikt ist der Nahostkonflikt. Massive Traumata auf beiden Seiten heizen ständig von Neuem Eskalationen an, die umgehend Massenprozesse triggern. Fraglos spielen wie bei allen zwischenstaatlichen Konflikten hier wirtschaftliche und geopolitische Interessen eine Rolle. Doch augenscheinlich stehen auch die Verhandlungsbedingungen selbst einer Lösung im Weg, weil die Verhandler offenbar nur ein begrenztes Eigeninteresse an einem Ende des Konflikts haben. Wie das kommt? Nun, sie werden hofiert, erhalten internationale Beachtung und residieren in Luxushotels.

Wie oft standen Jassir Arafat und Jitzchak Rabin im Rampenlicht vor Limousinen und bei Galadinners? Und seither ihre Nachfolger? Was sprang für die Verhandler selbst bei einem Friedensvertrag am Ende heraus, außer einem Eintrag ins Geschichtsbuch? Der lockende Friedensnobelpreis war zumindest ein Trostpflaster, denn er garantierte eine Festschreibung des erreichten Ruhms. Doch strichen Jahre ins Land, bis ein Vertag zustande kam. Möglicherweise hätte ein Verhandlungsrahmen, bei dem die Teilnehmer wie beim Konklave im Vatikan bis zum Erreichen der angestrebten Lösung eingesperrt würden, schneller zum Ziel geführt – ein interessanter Ansatz für die Zukunft, wie ich finde. Am Ende jedoch siegte das Trauma, denn schon bald nach seiner Unterzeichnung war der Friedensvertrag von Oslo Makulatur, ebenso wie alle späteren.

Wie drastisch manche Gegenden unserer Erde regelrecht durchseucht sind von psychischen Traumata, erschließt sich oft erst bei genauerem Hinsehen. Naher und Mittlerer Osten sind nur zwei Regionen, die wegen der dortigen Erdölvorkommen medial dominieren und daher allen geläufig sind. Doch Gewalt hat sich auch anderswo in Endlosschleifen festgesetzt, die nie durchbrochen worden sind. Auch andernorts gibt es Regionen, in denen kein einziger Einwohner je dauerhaften Frieden erlebt hat. Immer sind daran neben Wirtschaftsinteressen perpetuierte Traumata beteiligt.

Eine Gegend, die davon besonders betroffen bleibt, ist der Osten der Demokratischen Republik Kongo. Was dort geschieht, liefert das vielleicht brutalste Beispiel für die traumatischen Folgen der Kolonialzeit in Afrika. Die Ausbeutung des Kongo, die schon im 15. Jahrhundert begann, gipfelte im Vorgehen König Leopolds II. von Belgien, der 1885 das Land und seine Einwohner als persönliches Eigentum zugesprochen bekam. Um die Kautschuk-Förderung zu steigern, führte er drastische Maßnahmen ein. In Dörfern, die ihre Quote nicht erfüllten, wurden sämtliche Frauen umgebracht. Vergewaltigung und Händeabhacken waren an der Tagesordnung, bis das Land 1908 an den belgischen Staat überging.

Wirklich zur Ruhe kam es seither nie mehr. Millionen Kongolesen fielen kriegerischen Auseinandersetzungen zum Opfer. Immer noch rauben, plündern, vergewaltigen und morden gerade im Osten des Landes konkurrierende Banden, obwohl es dem Land gut gehen könnte, weil es einen natürlichen Reichtum besitzt, der seinesgleichen sucht. Das lockt die Nachbarn an, die zusätzlich Chaos und Gewalt schüren. Die internationale Gemeinschaft schaut zu, weil sie mit den Mördern im Geschäft ist, ihnen die kostbaren Rohstoffe – insbesondere Kobalt und Coltan für die Handyherstellung – abnimmt und im Ausgleich dafür Waffen verkauft. Dennoch lassen sich die Ursachen dieses Konflikts nicht auf die wirtschaftskriminellen Machenschaften reduzieren, sondern er kann nur verstanden und damit auch aufgelöst werden, wenn die massiven Traumata Berücksichtigung finden, die im Kongo stets aufs Neue wüten. Millionen Menschen sind auf der Flucht, Tausende werden jährlich verwundet, verstümmelt und ermordet. Der US-amerikanische Journalist und Pulitzer-Preisträger Nicholas D. Kristof schrieb, er kenne keinen barbarischeren Krieg. Er habe gesehen, wie man Kinder zwang, das Fleisch ihrer Eltern zu essen. Mädchen seien ihm begegnet, die innerlich regelrecht zerfetzt waren von den systematischen Vergewaltigungen, die den Dauerterror verstärken und der Region den traurigen Titel »Vergewaltigungshochburg der Welt« eingetragen haben. Aus solchen Gewaltspiralen kann eine Region kaum je allein herausfinden. Sie ist angewiesen auf Hilfestellung von außen.

Langfristig müsste die UNO als starke weltweite Verantwortungsgemeinschaft Rechte und Mittel in die Hand bekommen, um in solchen Gegenden aktiv und wirksam einschreiten zu können. Solange sich die Vereinten Nationen aber selbst hemmen, weil viele ihrer Mitgliedsstaaten nicht demokratisch regiert werden und daher kein Konsens herrscht über eine weltweite Durchsetzung der Menschenrechte, bleiben solche Ambitionen leider frommes Wunschdenken.

Bis eines Tages eine grundlegende Reform der UNO gelingen mag, könnten allerdings unter ihrem Schirm Initiativen zur Durchbrechung solcher Trauma-Kreisläufe gestartet werden. Wie ich es für Afghanistan vorgeschlagen habe, müssten geschützte Zonen geschaffen werden, in denen die Bevölkerung zu einer eigenständigen friedlichen und sicheren Lebensweise zurückfinden kann. Hierzu müssten die lokale Wirtschaft aufgebaut, die Traumata aufgearbeitet und zur langfristigen Stabilisierung ein zukunftsorientiertes Bildungssystem etabliert werden. Um den Aufbau von Sicherheit und Wohlstand in solchen Zonen zu unterstützen, könnten sie durch bevorzugte Handelsabkommen gefördert werden. Hier könnte die EU ihre Wirtschaftsmacht konstruktiv einsetzen.

Generell stellt sich die Frage, warum die EU als bedeutender Wirtschaftsraum ihren Einfluss nicht entschiedener einsetzt.

Warum fordert sie nicht als Vorbedingung für einen ungehinderten Handel die Einhaltung von sozialen und ökologischen Mindeststandards von ihren Handelspartnern? Könnte sich hier nicht die wirtschaftliche Globalisierung als Motor für Menschenrechte und Umweltschutz erweisen, anstatt wie bislang vor allem den sozialen und ökologischen Kahlschlag zu fördern? Eine vergleichbare Konzernverantwortungsinitiative wurde jüngst in der Schweiz gegen den Willen des Parlaments in einer Volksabstimmung gefordert, verfehlte jedoch bedauerlicherweise angesichts der damit verbundenen wirtschaftlichen Risiken für Schweizer Unternehmen knapp die Mehrheit.

Solche Schritte sind immer nur erste Schritte auf dem Weg zu einer verantwortungsvollen Weltgemeinschaft, die nicht umhinkommen wird, sich selbst verbindliche Regeln für eine dauerhafte Sicherung des Friedens, für die Bewahrung des Planeten und für die Grundrechte aller Menschen zu geben. Die UNO muss erwachsen werden. Sie muss zu einer Instanz werden, die dort einen Grundkanon an Regeln durchzusetzen kann, wo Bevölkerungsgruppen sich in Massenprozessen verfangen und daher die Gewalt zu eskalieren droht – vergleichbar Eltern, die ihr Kind nicht auf die Straße laufen lassen.

So wie im Alltag Gewalt verboten ist, gehört auch Krieg als Verhaltensmuster unterbunden, denn Krieg ist nicht naturgegeben, sondern eine vom Menschen erschaffene kulturelle Tradition, ein in der Hirnstruktur von Generation zu Generation weitergereichtes Verhaltensmuster – mehr nicht. Zwar bekriegen sich auch Ameisenstaaten, doch können die nicht anders, weil sie Marionetten ihrer Biologie sind. Der Mensch ist das nicht.

Konflikte zwischen Menschen wird es immer geben, weil ihre Bedürfnisse unterschiedlich und weil die Ressourcen begrenzt sind. Doch müssen diese Konflikte nicht gewaltsam ausgetragen werden. Mit ein wenig Verhandlungsgeschick sind Kompromisse möglich, wenn erst einmal die unbewussten Hemmnisse auf dem

Weg zu einer Lösung beiseitegeräumt sind. Diese Gefühle im Hintergrund muss jede Konfliktlösung auch zwischen Staaten berücksichtigen, erst recht, wenn Verhandlungen ins Stocken geraten. Um Konfliktparteien bei solchen Prozessen wirksam unterstützen zu können, wird die zukünftige Arbeit der UNO neben dem Aufstellen und dem Überwachen allgemeingültiger Ethikregeln für die gesamte Menschheit vor allem in praktischer Konfliktlösung mit klaren Rahmenbedingungen für das Aushandeln von Kompromissen bestehen müssen.

Die Vorgehensweise dabei: Unter der Leitung der neutralen Instanz formulieren die beiden Parteien ihre unterschiedlichen Sichtweisen der Konfliktsituation, die daraufhin in die einzelnen Konfliktebenen zerlegt werden. Nicht nur die Realinteressen müssen klar definiert, sondern insbesondere auch die emotionalen Zusammenhänge erkannt und benannt werden. Bei hartnäckigen Auseinandersetzungen sind sie, wie dargelegt, fast immer von historischen Traumata geprägt. Eine hilfreiche Strategie, um die emotionalen Ebenen des Konflikts für die jeweilige Gegenseite verständlich zu machen, besteht darin, dass jede der beiden Parteien sich in die Lage ihres Gegners hineinversetzen muss. Hierzu müssen in einem Rollentausch die Forderungen der Gegenseite explizit ausformuliert werden, als seien sie die eigenen. Gelingt es hierdurch, die Nachvollziehbarkeit der Forderungen des anderen zu verstehen, wird die emotionale Spaltung durchbrochen, und die Klärung von Sachfragen kann beginnen. Für den Fall, dass die Einigung misslingt, müsste ab einem festgesetzten Zeitpunkt ein Schiedsspruch der UNO als bindend akzeptiert werden.

Weil die UNO in ihrer aktuellen Struktur weit von der Position einer neutralen Schiedsstelle entfernt ist, stellt sich die Frage, wie ihre Weiterentwicklung in diese Richtung gefördert werden könnte. Ein praktischer Ansatz besteht darin, dass sich eine erste Gruppe von Staaten zusammenschließt und sich freiwillig, jedoch verbindlich einem Katalog an gemeinsamen Regeln für die Konfliktlösung unterwirft. Auch hier könnte die EU eine Vorreiterrolle übernehmen und dadurch die Ausformulierung eines solchen internationalen Regelwerks entscheidend mitgestalten. Anschließend, in einem zweiten Schritt, könnte sie wieder die wirtschaftliche Karte spielen und mithilfe finanzieller Anreize durch Handelserleichterungen weitere Staaten zum Eintritt in den Kreis der dem Konfliktlösungskatalog unterworfenen Staaten gewinnen.

Die Situation im Kongo liefert einen Einblick in menschliche Abgründe. Doch gerade der afrikanische Kontinent hält auch versöhnliche Gegenbeispiele für die Überwindung von Spaltungen und damit für den Versuch eines friedlichen Neuanfangs parat. Am südlichen Ende des Kontinents, in Südafrika, hat ein Staatsmann vorgelebt, wie Spaltungen überwunden werden können, selbst wenn sie jahrzehntelang das Denken beherrscht haben. Als es 1994 am Kap der Guten Hoffnung zum Machtwechsel kam, befürchteten viele Beobachter, dass das Land im Chaos versinken werde; zu tief schien die Spaltung in Schwarz und Weiß als Folge der Apartheid, zu mächtig der Hass, der jahrzehntelang geschürt worden war. Doch Nelson Mandela gelang das Kunststück, über den Schatten seiner eigenen Vergangenheit zu springen und in starken symbolischen Gesten die Einheit aller Südafrikaner zu beschwören.

1995 war Südafrika Gastgeber der Rugby-Weltmeisterschaft, nachdem es die Jahre davor wegen des internationalen Boykotts nicht daran hatte teilnehmen dürfen. Rugby galt als eines der Symbole weißer Herrschaft. Auch in diesem Jahr spielte nur ein einziger schwarzer Spieler in der Nationalmannschaft, den Springboks. Mandela besuchte dennoch demonstrativ das Team, schüttelte die Hände jedes Spielers, klopfte jedem von ihnen beherzt auf die Schultern und zog sich selbst eine Mütze der Springboks an. Mit diesen Gesten gewann er die Herzen aller Südafrikaner für »ihre« Mannschaft. Als Südafrika dann in einem spannenden Finale sogar den Weltmeistertitel gegen den haushohen Favoriten Neuseeland gewann, jubelten alle, selbst die Millionen Bewohner in den Townships. Der bis dahin »weiße« Sport einte auf einmal symbolisch das ganze Land über alle Gräben hinweg. Kaum ein Politiker hätte die Spaltung glaubhafter überwinden können als Nelson Mandela, der während seiner achtzehn Jahre dauernden Haft in einer vier Quadratmeter großen Einzelzelle auf Robben Island, in der Bucht vor Kapstadt das Joch des Apartheid-Regimes am eigenen Leib erfahren hatte.

Ob es gelingen wird, in Südafrika die in den Jahrzehnten der Apartheid entstandenen Traumata aufzuarbeiten und so eines nicht zu fernen Tages einen Gesellschaftsentwurf ohne Rassenspaltung zu etablieren, ist eine noch offene Frage. Spaltende und einende Kräfte stehen im Wettstreit miteinander. Wirtschaftliche Ungerechtigkeit verschärft das Konfliktpotenzial, das durch starkes Bevölkerungswachstum und Einwanderung zusätzlich verstärkt wird.

Resilienzförderung

Wir haben gesehen, wie einschneidend die Folgen psychischer Traumata sind, wie sehr sie Spaltungen und dadurch Radikalisierung in einer Gesellschaft fördern und sogar kriegerische Konflikte schüren können. Traumata zu verhindern und ihre Auswirkungen zu minimieren muss daher Ziel einer verantwortungsvollen Politik sein.

Anpassungsfähig wie das menschliche Gehirn ist, existiert ein einfacher Mechanismus, um seine Widerstandsfähigkeit gegenüber möglichen Traumata zu fördern: die psychische Resilienz. Sie ist verantwortlich dafür, dass es Menschen gibt, bei denen selbst schwere Traumata kaum bleibende psychische Spuren hinterlassen.

Der entscheidende neurobiologische Faktor für Resilienz in unserem Gehirn ist sichere Bindung, wofür, wie geschildert, das Bindungshormon Oxytocin als Gegenspieler des Stresshormons Cortisol verantwortlich ist. Oxytocin schützt vor den Folgen von Stress und damit auch vor den Folgen von Traumata, die wesentlich auf das Stresshormon Cortisol zurückzuführen sind. Intuitiv wissen wir das alle. Denn unsere unmittelbare Reaktion gegenüber einem Menschen, dem gerade etwas Schlimmes zugestoßen ist, besteht darin, ihn in die Arme zu nehmen und zu trösten. Nähe ist gut gegen Stress, in jedem Alter.

Bindung fördert also Resilienz. Kinder, die in den ersten achtzehn Lebensmonaten zumindest eine stabile, sichere und liebevolle Bindung erleben, sind später stressresistenter und dadurch besser vor den Folgen traumatischer Ereignisse geschützt. Damit nicht genug, bewirkt ihre Stressresistenz, dass sie intelligenter, sozial kompetenter, beruflich erfolgreicher und weniger anfällig für psychische Krankheiten werden. Resilienzförderung beginnt in der Säuglingszeit und entscheidet sich an der einfachen Formel: Je verlässlicher ein Baby stabile Sicherheit erfährt und je mehr Hautkontakt es bekommt, desto stressresistenter wird es.

Was für eine simple Maßnahme für lebenslange Resilienz! Sie entspricht unserer natürlichen Lebensweise, und dennoch schenken wir ihr kaum Beachtung. Im Gegenteil. Wir delegieren das Resilienz-Potenzial unserer Kinder an Institutionen, die diese Aufgabe meist nur unzureichend erfüllen können, weil ihnen die dafür erforderlichen Ressourcen fehlen. Krippenplätze mit zu wenig geschultem Personal können einem Kleinkind nicht das bieten, was es für die Entwicklung einer gesunden Psyche braucht. Kleinkindern sichere Bindungen vorzuenthalten wird weitreichende Folgen haben. Für das Gesundheitssystem, weil eine verminderte Stressresistenz die Anfälligkeit für psychische und körperliche Krankheiten steigert. Für die politische Zukunft der Gesellschaft, weil eine verminderte Stressresistenz anfällig macht für einen regressiven Sog und damit für Spaltungen, für politische Manipulation, ja sogar für Gewalt.

Die Erziehungsmethoden aus der Kaiser- und der Nazizeit waren darauf ausgelegt, Kinder »abzuhärten«, was im Kern nichts anderes bedeutete, als sie früh und verlässlich zu traumatisieren. In bester Absicht zwar aus damaliger Sicht, doch mit den Folgen, die wir alle kennen. Säuglings- und Kleinkindforschung scheint auf den ersten Blick wenig Platz in einem Buch über Politik zu haben, doch bei näherer Betrachtung erweist sie sich als bedeutendes Fundament für den Aufbau einer Gesellschaft, weil die psychische Gesundheit der Menschen ihre Möglichkeit, erwachsene Entscheidungen treffen zu können, entscheidend beeinflusst.

Grundlagen des Wandels

Überleben setzt die Fähigkeit voraus, sich ausreichend gut an die Bedingungen der Umwelt anpassen zu können. Gerade wir Menschen sind darin Spezialisten. Unsere enorme Anpassungsfähigkeit zeichnet uns aus, und sie ermöglicht es uns, beinahe jeden Winkel unseres Planeten zu besiedeln.

Als wichtigste Grundlage für diese Anpassungsfähigkeit hat sich die Lernfähigkeit unseres Gehirns erwiesen, die wir seiner enormen Umweltabhängigkeit verdanken. Auch wenn wir uns durch einen genetisch vorbestimmten Bauplan zu dem Menschen entwickeln, der wir sind, entsteht gerade in unserem Gehirn ein Großteil der biologischen Struktur dort als Reaktion auf Außenreize. Unser Gehirn wird also wesentlich aufgebaut durch die Reize, die von der Umwelt bei ihm eintreffen. Es lernt, indem es diese Erfahrungen in seiner Struktur abbildet – ein faszinierender lebenslanger Prozess, der bereits lange vor der Geburt im Mutterbauch beginnt. Er ist die biologische Grundlage unserer Anpassungsfähigkeit und befähigt uns dazu, mit sich wandelnden Umweltbedingungen zurechtzukommen, und seien sie auch noch so widrig.

Vor einigen Jahren hörte ich den Vortrag eines Kollegen, der als Insasse das Konzentrationslager Buchenwald überlebt hatte. Eindringlich schilderte er, inzwischen ein betagter Herr, den Lageralltag, der fast sechzig Jahre zurücklag. Völlig selbstverständlich erzählte er, was für Tricks er anwenden musste, um Essen für sich zu organisieren, oder welche Regeln es zu beachten galt, um nicht in den Transport nach Auschwitz ausgesondert zu werden. Für mich als Zuhörer wurde deutlich, dass er sich so sehr an das Leben im Lager gewöhnt hatte, dass es ihm nie mehr gelungen war, ganz von dort loszukommen. Die Beklemmung im Raum war zu greifen. Obgleich er sich aufgrund seiner Anpassungsfähigkeit nach dem Horror des Holocaust eine neue Existenz hatte aufbauen können, war er in seiner Psyche für immer mit einem Bein dortgeblieben. Die allgegenwärtige Lebensgefahr hatte sich in den sieben Jahren Buchenwald als Trauma in seine Psyche eingebrannt und dauerhafte emotionale Spuren in ihr hinterlassen.

Das Beispiel zeigt eindrucksvoll und erschreckend zugleich, wie flexibel sich unser menschliches Gehirn an seine Umwelt anpasst. In Konzentrationslagern wurden Menschen, die als Nachbarn Tür an Tür gelebt hatten, in der neuen Umgebung zu Wächtern und Gefangenen, fügten sich so selbstverständlich ein, in ihre pervertierten, menschenunwürdigen neuen Rollen, wie im gespielten Gefängnisversuch Philip Zimbardos. So sehr die enorme Anpassungsfähigkeit des Menschen vom Nationalsozialismus und von anderen Terrorregimen instrumentalisiert wurde und wird, so sehr bildet sie zugleich die entscheidende Chance für unsere Zukunft. Denn sie ist die Grundlage dafür, dass wir unsere Gesellschaft und uns selbst weiterentwickeln können.

Wir sind wandlungsfähig. Selbst unsere Gene regulieren sich in Wechselwirkung mit unserer Umgebung und modifizieren dadurch unser Gehirn, dessen Denken und Fühlen seinerseits auf die Genregulation einwirken. Aus solchen Erkenntnissen zur Steuerung der Gene durch die Umwelt ist ein junger Forschungszweig entstanden, die Epigenetik. Sie hat inzwischen den Beweis erbracht, dass wir keineswegs einem starren Bauplan entspringen, sondern dass Erfahrungen der Elterngeneration unmittelbar an die Nachkommen vererbt werden können.

Im Winter 1944/1945 kam es in den Niederlanden zu einer schweren Hungersnot, weil deutsche Truppen die Lebensmittellieferungen an die Bevölkerung blockierten. Betroffen davon waren auch Tausende Schwangere. Ihre Kinder waren bei Geburt deutlich unterernährt; anschließend blieben sie ihr ganzes Leben lang anfälliger für Krankheiten. Aber nicht nur das. Die Enkel, also die späteren Kinder dieser Hunger-Babys, waren ebenfalls bei Geburt statistisch signifikant häufig untergewichtig trotz des längst vorhandenen Nahrungsüberflusses. Der Mangel ihrer Großmütter wurde auch an sie als angeborene Eigenschaft weitergegeben.

Selbst Denkmuster werden epigenetisch vererbt, wie erste Tierstudien belegen. Männliche Mäuse, denen beigebracht worden war, dass auf einen bestimmten Duftstoff ein schmerzhafter Elektroschock folgte, vererbten ihre Angst vor dem Geruch an ihre Jungen, ohne dass die je selbst einem Elektroschock ausgesetzt waren und ohne dass sie ihre Väter kannten. Die Angst der Jungmäuse konnte also keine erlernte Verhaltensanpassung sein. Noch ist nicht genau geklärt, wie der biochemische Mechanismus für diese epigenetische Verhaltensweitergabe funktioniert. Doch die Tatsache, dass erlernte Eigenschaften direkt vererbt werden können, ist damit bewiesen.

Unweigerlich schlagen sich deshalb gesellschaftliche Verhältnisse in unserer Biologie nieder und werden an unsere Nachkommen vererbt. Wir sollten dem Rechnung tragen. Denn Evolution lässt sich nicht aufhalten.

Evolution

In ihrer Essenz besteht Evolution in der Weitergabe und Weiterentwicklung von Informationen. Während dieser Prozess in der Natur biologischen Gesetzen unterliegt, ist die Evolution des Menschen längst eine überwiegend geistige Evolution, eine Evolution von Wissen, das eben nicht rein biologisch über Gene und Epigenetik an die nachfolgenden Generationen weitergegeben wird, sondern vor allem kulturell. Umgangsformen, Sprache, Kunst, Musik – all das sind kulturelle Wissensinhalte, die von Mensch zu Mensch weitergereicht werden: Früher geschah das direkt, heute haben wir das Wissen in unterschiedlichsten Medien gesammelt, in Büchern oder im Internet, wo es dauerhaft gespeichert wird und damit prinzipiell zugänglich bleibt.

Weil sich Umwelterfahrungen in unserer Hirnstruktur niederschlagen, nehmen wir unsere Kultur in die Biologie unseres Gehirns auf, wirkt die geistige Evolution direkt auf uns ein. Die Identität eines Menschen mit all seinen Werten und Eigenheiten entscheidet sich deshalb weitestgehend an seinem Umfeld und nicht an der Hautfarbe, an den Genen oder an sonstigen biologischen Eigenschaften. Weil wir Menschen wie kein anderes Lebewesen von unserer Kultur geprägt werden und unser angesammeltes Wissen über Generationen hinweg an unsere Nachkommen weitergeben, besteht die Identität jedes Einzelnen zu einem wesentlichen Anteil aus Kultur, die in seinem Gehirn zu Biologie geworden ist.

2016 konnte nachgewiesen werden, dass Sprache imstande ist, unsere Spiegelneuronen, also die neurobiologischen Grundbausteine unsers Verhaltens, nicht nur zu aktivieren, sondern sie sogar zu modulieren. Sprache als Teil unserer Kultur formt demnach unsere Hirnstruktur und damit unser Verhalten, weil die Vorstellung allein schon genügen kann, um neue Handlungsmuster zu lernen. Sprache ist mächtig.

Daher ist es folgenreich, welche Sprache in Politik und Gesellschaft gewählt wird. Geschürte Stimmungen, falsch konstruierte Kausalitäten, erfundene Mythen werden in unserem Gehirn zu Realität und sind, einmal etabliert, nur schwer wieder aus der Welt zu schaffen. Unser Gehirn kann einzig durch bewusste Abstraktion zwischen Realität und Fiktion unterscheiden. Auf der Wahrnehmungsebene sind beide gleich real. Entsprechend ist auch virtuelles Erleben auf der Wahrnehmungsebene erst einmal absolut real in seiner Wirkung.

Unser Umgang mit Sprache und damit ebenso mit den Medien sollte daher bedacht erfolgen. Wir müssen bewusst auswählen, welche Informationen brauchbar sind und welche nicht, welche wahr sind und welche falsch. Dazu benötigen wir einen freien Zugang zu Information und eine unabhängige Medienlandschaft, die nicht allein wirtschaftlichen Gesetzen unterworfen ist. Und wir müssen uns einen bewussten Umgang mit den Medien aneignen, anstatt uns von ihren Meldungen überfluten zu lassen, um uns ein eigenständiges Urteil bilden zu können. Kultur und das Zurechtfinden in ihr muss gelernt werden.

Das wirklich Faszinierende an diesem Lernprozess besteht darin, dass wir selbst darüber entscheiden können, welches kulturelle Wissen wir für unsere Kinder und Kindeskinder bewahren und an sie weitergeben wollen. Wir können die Inhalte und Werte unserer kulturellen Evolution in weiten Teilen bestimmen und damit die Zukunft der Menschheit überraschend frei nach unseren Wünschen gestalten. Unser Gehirn und unsere Kultur stehen in unauflöslicher Wechselwirkung miteinander. Die Kultur formt die Biologie unseres Gehirns, doch zugleich formen wir die Kultur, in der wir leben.

Aber wer weiß, vielleicht verspielen wir gerade die Chance, die Entwicklung unserer Zukunft bewusst zu gestalten. Damit spiele ich nicht auf die drohende Klimakatastrophe an, sondern auf die Möglichkeit, dass die Evolution den Menschen und damit die Biologie hinter sich lässt und sich zu einer Welt weiterentwickelt, in der die künstliche Intelligenz das Sagen hat. Ich bin kein Informatiker, doch fällt eine Beobachtung beim Vergleich von Menschen und Maschinen auf. Wir Menschen müssen in jeder Generation von vorne anfangen. Jedes Neugeborene muss nicht nur mühsam Laufen lernen, sondern es muss sich auch sein Wissen von der Welt Schritt für Schritt erobern. Künstliche Intelligenz muss das nicht, sondern sie kann unmittelbar auf dem bereits existierenden Wissen aufbauen.

Der regelmäßige Generationenwechsel biologischer Wesen ist von Vorteil, weil mit jeder Generation ein Neuanfang und damit neue Anpassungen möglich werden. Dort, wo sich Fehler eingeschlichen haben, können sie durch den Neustart ausgeglichen werden. Allerdings muss jede Generation bei null anfangen und besitzt außerdem nur eine befristete Lebenszeit. Folglich sind das individuell verfügbare Wissen und die maximal erreichbare Intelligenz biologischer Wesen begrenzt. Künstliche Intelligenz hingegen unterliegt dieser Begrenzung nicht. Sie wächst kontinuierlich weiter. Von daher erscheint es nur logisch, dass die künstliche, also die nicht biologische Intelligenz uns in absehbarer Zeit überholen wird.

Das Argument, dass Computer ganz anders arbeiten als unser menschliches Gehirn, ist sicher richtig. Doch genauso richtig ist, dass es möglich sein dürfte, die Arbeitsweise unseres Gehirns künstlich zu kopieren. Denn sein Fühlen und Denken bestehen letztlich aus nichts anderem als aus Informationseinheiten und sollte sich daher nachbilden lassen. Zwar fühlen wir uns wegen unserer Gefühle als etwas Besonderes, etwas Einzigartiges, doch entgegen dieser Romantisierung sind Gefühle aus neurobiologischer Sicht recht einfache Entscheidungshilfen einer ursprünglichen Hirnregion, die wir mit vielen Tieren teilen. Von daher liegt es nahe, davon auszugehen, dass auch Gefühle von künstlicher Intelligenz simuliert werden können müssten.

Europäer und Amerikaner arbeiten bereits intensiv in getrennten Forschungsprojekten genau daran, die Funktionsweise eines menschlichen Gehirns in vernetzten Computern nachzuahmen, seine Entscheidungsfindungsprozesse – emotional und verstandesmäßig – künstlich zu kopieren. Angesichts der pausenlos steigenden Speicherkapazitäten dieser Maschinen ist es wohl nur eine Frage der Zeit, bis es den Computerspezialisten gelingen wird, ein Gehirn aus Bits und Bytes Realität werden zu lassen.

Führen wir uns nochmals die psychische Entwicklung eines Menschen vor Augen: Dort, wo im Gehirn ganz von selbst durch die zunehmende Komplexität die Theory of Mind möglich wird, dort, wo der andere als ein anderer erkannt wird, entsteht im Umkehrschluss das Selbst als eigenständiges Konzept. Aus dem Du wird so das Ich. Wer garantiert uns, dass das nicht ebenso für Computer gilt, dass nicht auch sie ab einer bestimmten Komplexitätsstufe ganz von selbst damit beginnen werden, konzeptuelle Einheiten zu erschaffen, die unweigerlich in ein Selbstkonzept mit Selbstwahrnehmung und eigenem Willen münden? Insbesondere wenn solche Computer gezielt als Kopie unseres menschlichen Gehirns programmiert werden? Und wie wird es erst, wenn durch den Zusammenschluss mehrerer künstlicher Gehirne die Computer die begrenzten Möglichkeiten unserer individuellen menschlichen Nervensysteme weit hinter sich lassen werden? Können wir Menschen ihnen dann noch den Stromstecker ziehen?

Damit nicht genug, wird aktuell von Wissenschaftlern auch der umgekehrte Weg beschritten, die Biologie zu überwinden, wird nicht nur das Gehirn im Chip kopiert, sondern der ins Gehirn eingebaute Chip zum ersten Schritt auf dem Weg zur Verschmelzung von biologischer und technischer Existenz. Mikrochips, die die Arbeit des Gehirns unterstützen, sind bereits erfolgreich im Einsatz bei Menschen, die durch einen Schlaganfall Funktionen ihres Gehirns eingebüßt haben. Doch das ist nur der Anfang. Die Firma Facebook forscht bereits an einer Technik, mit der die Steuerung einer Computertastatur direkt über die Gedanken möglich werden soll. Wer dann wohl mitlesen wird?

Noch einschneidender als solche funktionellen Hilfen ist eine andere Entwicklung, die ebenfalls längst im Gange ist. Facebook und andere Unternehmen arbeiten daran, die virtuelle Welt so verführerisch zu gestalten, dass wir Gefahr laufen werden, sie der realen Welt vorzuziehen. Fernsehen, um dem Alltag zu entfliehen, ist nur die Vorstufe eines Trends, der uns über Netflix-Serien und Videospiele immer stärker aus der wirklichen Welt in die virtuelle Welt entführt, die wie Drogen unser hirneigenes Belohnungssystem viel stärker aktivieren kann, als die Realität das je vermag. »Better than real« wird so zu einer Falle.

Vom Bildschirm führt der Weg weiter zur Virtual-Reality-Brille, die man aufsetzt, um ganz in eine virtuelle Umgebung einzutauchen. Ich selbst habe das ausprobiert und konnte über einen virtuellen See fliegen, nur um im nächsten Augenblick ein Büro in Shanghai zu betreten. Von dort ging es weiter in das Felsengrab der ägyptischen Königin Nefertari, der Frau von König Ramses II. Statt mich mit anderen Touristen durch die engen Gänge zu schieben, war ich der einzige Besucher in der Grabkammer, konnte mich bis auf wenige Zentimeter den wunderbaren Fresken nähern und sie ungestört in ihrer ganzen Pracht bewundern. Sogar die Staubkörner, die im Licht meiner virtuellen Taschenlampe flirrten, wirkten täuschend echt. Durch die Lockdowns während der Corona-Krise ist ein regelrechter Boom für virtuelles Reisen entstanden. Das Angebot reicht von täglichen Live-Safaris mit Rangern im südafrikanischen Kruger-Nationalpark über Bergtouren zum Gipfel des Mount Everest oder Gletschertouren in Island bis hin zu Helikopterflügen im Himmel über New York. Alles kostenlos, jederzeit möglich und ohne Warteschlangen. Da kommt die Realität nicht mehr mit.

Der nächste Schritt nach den Brillen werden Mikrochips sein, die uns einen permanenten Zugang zur virtuellen Welt verschaffen. Das Suchtpotenzial ist beängstigend. Ebenso die Vorstellung, dass wir auf diese Weise dauerüberwacht werden. Was das Mitlesen von Gedanken in politischen Systemen bedeutet, die nicht demokratisch sind, kann man sich leicht ausmalen. Das Punktesystem, das zurzeit von der chinesischen Regierung getestet wird, gibt einen Vorgeschmack davon. Wer sich dort anders verhält als von den Parteioberen gewünscht, muss mit Konsequenzen rechnen, die vom Verlust von Privilegien bis zur Umerziehung in Lagern reichen.

Doch selbst in westlichen Demokratien wird die freie Selbstbestimmtheit in der realen Welt zunehmend von den Spielregeln der virtuellen Welt ausgehebelt. Aufhebung des Bankgeheimnisses, Onlineshopping, Handy-Ortung, Sensorvault – wer von uns hat noch den Überblick darüber, wer schon alles unsere Daten besitzt und was er damit macht? Trotz Cookie-Richtlinien, meist ohne Mitspracherecht. Schleichend geben wir immer weitere Teile unserer Autonomie aus der Hand oder haben es längst.

Ein Beispiel aus der Politik zeigt, wohin uns die Entwicklung treiben könnte. Im Jahr 2016 wurde im US-amerikanischen Präsidentschaftswahlkampf erstmalig in Erwägung gezogen, mit Watson einen Computer der Firma IBM als Kandidaten der künstlichen Intelligenz ins Rennen um das Weiße Haus zu schicken. Gleich in mehreren Punkten war es ihm ein Leichtes, seine menschlichen Mitbewerber in den Schatten zu stellen. Nicht nur arbeitete Watson vierundzwanzig Stunden am Tag und das sieben Tage die Woche, sondern er traf auch seine Entscheidungen gänzlich uneigennützig und rein nach dem errechneten Nutzen, wertneutral und unbestechlich. Seine Mitbewerber in der Endrunde wären Donald Trump und Hillary Clinton gewesen, er ganz Bauch, sie ganz Kopf, so zumindest der Eindruck. Das Ergebnis ist bekannt, und bei manchem mag der Gedanke aufkommen, dass es bei näherer Betrachtung nicht unbedingt ein Nachteil sein muss, wenn wir bestimmte Bereiche der Macht an die künstliche Intelligenz abgeben.

Allerdings sollte eine solche Entwicklung kontrolliert und demokratisch legitimiert geschehen, anstatt sie einigen Programmierern zu überlassen, die im Auftrag von Unternehmen, Militär oder diktatorischen Regimes arbeiten, ohne dass wir eine Ahnung davon haben, was sie aushecken, und ohne dass wir die Möglichkeit haben, dabei mitzuentscheiden. Schließlich laufen wir Gefahr, dass es uns ergehen wird wie dem Zauberlehrling in Johann Wolfgang von Goethes gleichnamiger Ballade: »Die ich rief, die Geister, werd' ich nun nicht los.« Irgendwann gibt es keinen Weg mehr zurück.

Wir sind das Volk

Wir können unsere Evolution entscheidend selbst gestalten. Zumindest noch. Was bedeutet das aber nun für das politische System bei uns zu Hause? Wie können die Bürger wieder die Rolle zurückgewinnen, die ihnen in Artikel 20, Absatz 2 des Grundgesetzes zugesichert wird: »Alle Staatsgewalt geht vom Volke aus. Sie wird vom Volke in Wahlen und Abstimmungen und durch besondere Organe der Gesetzgebung, der vollziehenden Gewalt und der Rechtsprechung ausgeübt.«

Es gibt bereits Initiativen, die versuchen, den Unmut der Bürger in konkrete Vorschläge für eine Weiterentwicklung unserer Demokratie zu gießen, indem sie intuitiv dem Rechnung tragen, was unsere Psyche fordert. Meist gehen sie aus von privaten Stiftungen. Sie richten sich sowohl an die Bürger selbst, versuchen deren Unmut konstruktiv zu kanalisieren, als auch an die bestehenden politischen Institutionen, um bei ihnen Druck zur Veränderung zu erzeugen. Ihr gemeinsames Ziel ist die direktere Einbindung der Bürger. Weil sie konkrete Wege aufzeigen, in die sich unser politisches System entwickeln könnte und sollte, stelle ich einige von ihnen detaillierter vor.

Die Schweizer Demokratie Stiftung berät seit zwei Jahrzehnten staatliche und nicht staatliche Institutionen und Organisationen in der Schweiz und in Deutschland zu Fragen der direkten Bürgerbeteiligung. Neben dem Austausch in Foren und auf Konferenzen wird der Kontakt zu den Medien gesucht, um so den

Bekanntheitsgrad und die Vernetzung der Stiftung auszubauen. Publikationen und Bildungsveranstaltungen richten sich an die Bürger selbst, um bei ihnen ein Umdenken zu mehr direkter Demokratie zu fördern.

Die Schöpflin Stiftung mit dem Verein »Mehr Demokratie« wählt einen anderen Weg. Sie veranstaltet an verschiedenen Orten in Deutschland Bürgerräte, an denen sich Bürger, die zuvor in einem Losverfahren ausgewählt wurden, direkt vor Ort beteiligen. Die Idee hinter dem Losverfahren, das es übrigens schon bei den alten Griechen gab, besteht darin, dass durch eine zufällige Auswahl der Teilnehmer auch Menschen zu Wort kommen, die sonst schweigen. Denn erfahrungsgemäß werden freiwillige Formen direkter Bürgerbeteiligung leicht von einzelnen Teilnehmern als Bühne zur Selbstdarstellung und zur Förderung von Eigeninteressen missbraucht. Weil beim Losverfahren die schweigende Mehrheit ebenfalls berücksichtigt wird, sind die Stimmungsbilder der Bürgerräte oft sogar repräsentativer als Wahlen, bei denen ein erheblicher Prozentsatz der Bevölkerung Wahlenthaltung übt. 160 Teilnehmer konstituieren einen Bürgerrat und suchen darin gemeinsam nach Lösungen für aktuelle politische Themen. So begrüßenswert ein solcher Ansatz ist, bleibt er bislang zahnlos, da er in der Politik keine Berücksichtigung findet. Ganz im Sinne der Formulierung im Koalitionsvertrag der deutschen Bundesregierung für die neunzehnte Wahlperiode (2017–2021), die »eine Expertenkommission einsetzen (will), die Vorschläge erarbeiten soll, ob und in welcher Form unsere bewährte parlamentarisch-repräsentative Demokratie durch weitere Elemente der Bürgerbeteiligung und direkter Demokratie ergänzt werden kann«. Treffend brachte es eine Teilnehmerin bei der Regionalkonferenz des Bürgerrats in Koblenz jüngst auf den Punkt: »Ich will nicht nur beteiligt werden, ich will entscheiden!«

In Irland ist die Politik mutiger. Dort wurden Bürgerversammlungen bereits erfolgreich als Instrument zur praktischen politischen Entscheidungsfindung eingesetzt. So geht etwa die Einführung der gleichgeschlechtlichen Ehe in dem erzkatholischen Land auf das Abstimmungsergebnis einer Bürgerversammlung 2015 zurück. Eine repräsentativ ausgewählte Gruppe von sechsundsechzig Bürgern diskutierte damals zusammen mit dreiunddreißig Politikern.

Der erste und keineswegs unwesentliche Schritt bestand darin, dass alle lernten, einander zuzuhören. Eine Diskussionskultur war vorgegeben, in der es um das Verstehen und um die Akzeptanz anderer Meinungen ging. Dadurch wurde gewährleistet, dass bei dem schwierigen Thema, bei dem am Ende kein Kompromiss möglich sein würde, die Beweggründe für die Position der anderen Seite nachvollzogen werden konnten. Die Gefühle hatten Pause, der Verstand hatte Zeit.

Ein entscheidender Unterschied, den die Bürger gegenüber den Politikern in die Versammlung einbrachten, war ihr fehlendes Eigeninteresse. Wie Richter im Rechtssystem konnten sie ihre Entscheidungen fällen, ohne dass den meisten von ihnen dadurch ein persönlicher Vor- oder Nachteil entstand. Aktive und karrierebewusste Politiker hingegen müssen andauernd auf die Stimmungsbarometer für die nächste Wiederwahl schielen.

Nach intensiver Debatte war das Ergebnis der irischen Bürgerversammlung eindeutig: Die Abstimmung ergab eine große Mehrheit für die Einführung der gleichgeschlechtlichen Ehe. Das Parlament folgte dieser Empfehlung und setzte ein Referendum an, in dem sich die Bevölkerung ebenfalls mit deutlicher Mehrheit dafür aussprach.

Die Symbolwirkung der Bürgerversammlung war in mehrfacher Hinsicht groß. Wie bei den Teilnehmern wurde auch bei vielen Bürgern das Interesse für die Politik geweckt. Sie fühlten sich auf einmal von der Politik ernst genommen, weil die Stimmen Ihresgleichen Gehör gefunden hatten. Darüber wurde berichtet. Politische Meinungsfindung war zu einer persönlichen Angelegenheit geworden. Ein Lernprozess der politischen Meinungsbildung war angestoßen, und die Bürger engagieren sich seither weiter in der Politik.

Auch bestimmte psychologische Kunstgriffe können das Interesse der Bürger für eine aktive Beteiligung an der politischen Meinungsbildung wecken, etwa das seit einiger Zeit in Werbung und Politik beliebte Nudging. Übersetzt ins Deutsche heißt das so viel wie »Anstupsen«. Hierbei bemüht sich die Politik, die Bürger direkt und persönlich anzusprechen, Hindernisse für ihre Teilnahme an Diskussionen aus dem Weg zu räumen und Entscheidungen transparent zu machen. Ziel ist es, dass sich die Bürger von der Politik verstanden fühlen. Allerdings ersetzt auch ein Anstupsen keine echte Mitsprache, können psychologische Kniffe nur der erste Schritt auf dem Weg zu einer weitgehenden politischen Eigenverantwortlichkeit der Bürger durch direkte demokratische Prozesse sein, an deren Einführung kein Weg vorbeiführen wird. So wie jeder Einzelne in seiner individuellen psychischen Entwicklung lernen muss, sich selbst zu steuern, muss den Bürgern der Weg in die politische Eigenverantwortung geebnet werden, die psychisch gesehen einer erwachsenen politischen Selbststeuerung entspricht. Andernfalls steigt weiter der Frust.

Für eine direkte Bürgerbeteiligung muss das Rad gar nicht neu erfunden werden. Denn es gibt längst Beispiele für eine erfolgreiche aktive Einbindung der Bürger in politische Angelegenheiten. Gar nicht weit von uns entfernt, in der nahen Schweiz, sind Volksabstimmungen seit Jahrhunderten an der Tagesordnung. Selbstbewusst identifizieren sich die Bürger mit ihrem Land. Man kennt einander, und man entscheidet in Eigenverantwortung. Zugleich war und ist die Schweiz politisch ein Hort der Stabilität selbst in Zeiten, in denen woanders politische Experimente kamen und gingen.

Noch überschaubarer und beschaulicher als die Schweiz gestaltet ihr kleiner Nachbar, das Fürstentum Liechtenstein, das Zusammenleben seiner Bürger. Der inzwischen pensionierte Fürst

Hans-Adam II., den ich schon zu Wort kommen ließ, hat erkannt, dass es für einen langfristigen Erhalt der konstitutionellen Monarchie seines Landes aussichtsreicher ist, die eigenen Bürger zufriedenzustellen, als sich in heutigen Zeiten noch auf die gottgegebene Legitimation des Amtes zu verlassen. Seit vielen Jahren schon macht der Staatsmann sich daher Gedanken darüber, wie ein zeitgemäßer Staat aussehen sollte, um den Wünschen seiner Bürger besser gerecht zu werden. Und er scheut nicht das Urteil seines Volkes. Vielmehr steht es laut Verfassung der Bevölkerung frei, jederzeit die Monarchie per Mehrheitsbeschluss abzuschaffen und damit ihn oder inzwischen seinen Nachfolger zu kündigen.

Hans-Adams Credo für den Staat der Zukunft sieht die staatlichen Organe als Dienstleister der Bürger. Wie jeder andere Dienstleister wäre der Staat aufgerufen, seine Aufgaben bestmöglich zur Zufriedenheit seiner Dienstnehmer zu erfüllen. Um Ressourcen sinnvoll einzusetzen, wäre ein solcher Staat der Sparsamkeit verpflichtet und damit schlank, auf das Allernotwendigste beschränkt. Lediglich vier Aufgabenbereiche würden im Staat der Zukunft noch auf überregionaler Ebene geregelt: Außenpolitik, Rechtsprechung, Sicherheit und Staatsfinanzen. Alles andere würde auf Gemeindeebene organisiert oder sogar privatisiert, um hierdurch die kreativen Wettbewerbskräfte eines freien Markts zum Wohl der Bürger nutzen zu können.

Man stelle sich den Aufschrei vor, der angesichts solcher Forderungen durch die unterschiedlichsten politischen Lager bei uns gehen würde, in Deutschland wie in Österreich. Was bliebe von Vater Staat als verlässlichem Versorger oder nationalem Identifikationstraum, wenn seine Rolle zurückgestutzt würde auf die eines bürgerfreundlichen Dienstleisters? Wenn seine Arbeit von den Bürgern in direkten Abstimmungen kontrolliert und gegebenenfalls sanktioniert würde? Und wenn ein Großteil der heutigen staatlichen Kompetenzen direkt vor Ort auf regionaler Ebene geregelt würde?

Was mich an Hans-Adams Vorschlägen fasziniert, ist sein offenkundig in Jahren der Regierungsverantwortung und Lebenserfahrung aufgebautes intuitives Verständnis für die Bedürfnisse seiner Untertanen. Denn fraglos berücksichtigt eine regionale Entscheidungshoheit unter direkter Einbindung der Bürger das genuin menschliche Bedürfnis nach aktivem Bewirken weitaus besser als unser aktuelles politisches System. Mehr noch: Eine Verlagerung von Verantwortung auf die direkte lokale Ebene fördert das soziale Miteinander und wird damit der sozialen Natur des Menschen gerecht. Jeder Interessierte muss sich, um mitentscheiden zu können, eine Meinung bilden, wodurch eine Kultur des Austauschs gefördert wird. Dadurch nimmt die Akzeptanz politischer Entscheidungen deutlich zu, einerseits, weil Entwürfe nachvollziehbar argumentiert und in einer verständlichen Sprache formuliert sein müssen, da sie ansonsten keine Aussicht auf Zustimmung haben. Andererseits, weil Bürger bereit sind, Mehrheitsbeschlüsse zu akzeptieren, sofern sie gefragt werden – Beleg dafür ist nicht zuletzt der Brexit.

Versuchen wir einmal, diesen Denkansatz auf die heilige Kuh jeder mehrheitsfähigen politischen Konstellation in unserem Land zu übertragen: den Sozialstaat.

Das aktuelle Sozialsystem ist ein anonymer Apparat. Wie beim Steuersystem zahlt ein Großteil der Bürger in den riesigen Topf ein, ohne einen Einfluss darauf oder auch nur eine konkrete Vorstellung davon zu haben, wo sein Geld landet. Als Folge dieser Struktur von Geben und Nehmen sind nicht wenige Geber bemüht, ihren Beitrag legal, halb legal oder gar nicht legal so gering wie möglich zu halten. Bürgerliche Eigenverantwortung wird in diesem System augenscheinlich nicht gefördert.

Umgekehrt werden die Empfänger zu passiv Versorgten. Die einen empfinden das als demütigend, weil sie sich nicht selten für ihre unfreiwillige Bedürftigkeit schuldig fühlen. Die anderen gewöhnen sich daran, empfinden ihre Ansprüche als selbstverständlich und streben daher nach deren Perfektionierung. Aus Sicht der Hirnforschung wird ihr Streben nach Wirkmächtigkeit durch die möglichst intelligent optimierte Inanspruchnahme von möglichst umfangreicher Hilfe befriedigt. Genauso legal wie bei manchem Steuerflüchtling, der seine Millionen in Übersee hortet. Wer allerdings kein Spezialist in Fördertöpfen und Schlupflöchern ist, der ist entweder wirklich arm dran und fühlt sich deshalb verständlicherweise benachteiligt, oder er gehört zu den Nettozahlern und kultiviert als solcher seinen Ärger. Die schon neu aufflammende Umverteilungsdebatte angesichts der horrend gewachsenen Staatsschulden durch die Corona-Krise besitzt hier potenzielle Sprengkraft, wurde doch das staatliche Füllhorn vor allem über die ergossen, die am lautesten schrien – ich erwähnte bereits beispielhaft die großen Autokonzerne.

Um nicht falsch verstanden zu werden: Die bestehenden sozialen Netze, wie sie bei uns und in vielen Ländern Europas geschaffen wurden, sind wertvolle und unverzichtbare Errungenschaften: Hilfen für diejenigen, die sie brauchen. Doch es hat sich gezeigt, dass Anonymität, also Beziehungslosigkeit gegenüber dem System, die Gefahr des Missbrauchs fördert. Wer Hilfe von einem Apparat empfängt, ist diesem gegenüber nicht emotional verantwortlich, weil ein Apparat gar keine Emotionen besitzt. Umgekehrt droht leer auszugehen, wer das Ausreizen des Systems nicht perfektioniert.

Wenn Hans-Adam für eine Verlagerung der Sozialhilfe auf die Gemeindeebene plädiert, da man dort die einzelnen Bürger kenne und die wirklich Bedürftigen gezielt unterstützen könne, führt er mit dem persönlichen Kontakt die Beziehung ein Stück weit in die Sozialpolitik ein. Das erscheint vernünftig, sofern gewährleistet ist, dass die Verteiler vor Ort einer Kontrolle unterliegen, um nicht nach eigenem Ermessen die einen zu begünstigen und andere willkürlich darben zu lassen.

Doch warum nicht weitergehen? Auf freiwilliger Basis könnten soziale Kooperationen eingeführt werden, die für den, der sich sozial engagiert, auf die Steuer angerechnet werden. Mehr echte soziale Verantwortungsübernahme, weniger Vereinsamung und ein Bürokratieabbau wären mögliche Folgen. Hier sind den kreativen Ideen in zukünftigen, sozial selbstverwalteten Regionen keine Grenzen gesetzt.

Um die Politik einem Wettbewerbsdruck auszusetzen, schlägt Hans-Adam vor, dass die Bürger sich frei dort niederlassen können, wo ihnen das System am besten zusagt. Durch die Konkurrenz zwischen einzelnen lokalen Selbstverwaltungen soll ein Markt der Möglichkeiten an politischer Praxis zum Nutzen der Bürger entstehen. Dazu bedarf es allerdings überregional vorgegebener Mindeststandards, weil sonst einzelne Regionen durch sozialen Geiz alle sparsamen Reichen anziehen könnten und andere wegen ihrer Großzügigkeit zu einem Paradies für sozial Bedürftige und dadurch zu Armenhäusern würden.

Wie so oft steckt der Teufel im Detail und erfordert die Umgestaltung des Staats hin zu einer weitgehend direkten Demokratie deshalb einen Lernprozess aufseiten der Bürger. In der Praxis sollte daher mit der Einführung direkter demokratischer Entscheidungen auf lokaler Ebene begonnen werden. Bewähren sie sich da, sollten sie schrittweise auf die regionale, nationale und supranationale Ebene ausgedehnt werden. Für diesen Prozess sollte ein klarer zeitlicher Rahmen abgesteckt werden, damit die Bürger wissen, woran sie sind. Allein schon die Initiativschritte für einen solchen Wandel würden ganz von selbst das Interesse der Bürger an ihren eigenen Angelegenheiten wecken und damit ihre Lernbereitschaft zur Eigenverantwortung fördern.

Die Zeit drängt. Der Unmut über erstarrt wirkende politische Strukturen wächst. In den USA hat er 2016 Donald Trump an die Macht gespült, weil er sich dezidiert als Gegner des Parteiestablishments inszenierte. Wann steht bei uns jemand in den Startlöchern, um die Wut der Bürger über das Gefühl, dass sie nicht Herr im eigenen Haus sind, sondern von einer abgehobenen

Oligarchie aus Politik und Wirtschaft beherrscht werden, für sich zu nutzen? Die entscheidende Frage wird sein, wie geduldig der Mittelstand bleiben wird. Unsere Gesellschaft mit ihrer sozialen Marktwirtschaft lebt in einem hohen Maß von der Leistungsbereitschaft und der Leistungsfähigkeit unseres Mittelstands. Doch dieser Mittelstand wird seit Jahren zur Kasse gebeten – offen durch Steuern, indirekt durch eine Nullzinspolitik, die dazu geführt hat, dass es bereits Strafzinsen auf Geldvermögen gibt und dass es zu einer Inflation bei den Sachwerten gekommen ist. Weil diese inflationäre Wertsteigerung auch das Betongold, also den Wert von Immobilien erfasst hat, ist es heute nur noch einer Minderheit von Bürgern möglich, sich ein eigenes Dach über dem Kopf zu leisten. Eine bürgerlich geführte Regierung sah dabei zu, wie den Menschen faktisch die Möglichkeit genommen wurde, durch die Kraft ihrer Arbeit zu Wohlstand zu gelangen. Nur wer erbt oder spekuliert, kann noch reich werden – das zumindest ist der weitverbreitete Eindruck.

Mit den Kosten für die Maßnahmen gegen die wirtschaftlichen Folgen der Corona-Krise wird sich die Lage weiter zuspitzen. Die Bürger wurden nicht gefragt, wohin ihr Geld floss. Ja, schlimmer noch: Der Staat gab das Geld aus, ohne dass eine wirksame Kontrollinstanz existierte. In der Politik herrschte weitgehende Einmütigkeit. Die einzige Möglichkeit für die Bürger, Einspruch zu erheben, wird darin bestehen, im Nachhinein, wenn sie längst zur Kasse für die offenen Rechnungen gebeten worden sind, Protest zu wählen. Doch um welchen Preis? Wer keine radikale Protestpartei an der Macht haben will, dem bleibt wie so oft nur das geringere Übel – bis sich eines Tages sein Ärger weiter anheizt ...

Und genau das steht zu befürchten. Nicht nur werden Maßnahmen wie Steuererhöhungen oder Vermögensabgaben psychologische Spuren hinterlassen, sondern es droht wegen der ungelösten Schuldenkrise mehrerer europäischer Staaten weiteres Ungemach. Nach Griechenland dürfte bald Italien das Geld ausgehen. Der italienische Staat war schon vor der Corona-Krise mit 2,4 Billionen Euro (2400 Milliarden) verschuldet. Wie dieser Betrag je zurückgezahlt werden soll, steht in den Sternen, da die Regierungen in Rom jedes Jahr mehr Geld ausgeben, als sie einnehmen (2018 standen Staatseinnahmen von 816,1 Milliarden Euro Ausgaben in Höhe von 853,6 Milliarden Euro gegenüber). Der einzige Weg, wie Italien seinen Schuldenberg abbauen könnte, wäre eine massive Inflation, die den echten Wert der Schulden durch Geldentwertung senken würde. Allerdings kann sich das Land eine Inflation nicht leisten, weil es dann Zinsen zahlen müsste – schon bei nur 5 Prozent Zinslast würden sich jährlich 120 Milliarden Euro zu den ohnehin wachsenden Schulden hinzuaddieren.

All das ist keine neue Entwicklung, all das bestand bereits vor Corona, wenngleich die Pandemie und ihre Folgen die Lage noch zuspitzen werden. Der frühere italienische Finanzminister und Staatspräsident Carlo Azeglio Ciampi brachte 2010 seine Frustration über die Finanzpolitik seiner Nachfolger in den folgenden Worten zum Ausdruck: »Dieser Geist der Solidarität und des Vertrauens, der in Europa für unsere neue Stabilitätskultur entstanden war, verdiente nicht diesen Verrat.« Damit sprach er an, was in der Forderung nach Solidarität zwischen allen europäischen Ländern geflissentlich übersehen wird. Solidarität besteht nicht nur darin, dass der eine sich auf die Hilfe des anderen verlassen kann, sondern auch darin, dass der eine nicht auf Kosten des anderen über seine Verhältnisse lebt und dann den anderen die Zeche zahlen lässt. Denn genau darin bestünde die von Rom favorisierte Möglichkeit, dass alle europäischen Länder gemeinsam die Schulden Italiens begleichen – direkt oder indirekt mithilfe der bereits geforderten Eurobonds.

Positiv für den finanziellen Ausblick des Landes ist lediglich die Tatsache, dass nur etwa 25 Prozent der italienischen Staatsanleihen von Ausländern gehalten werden. Der Großteil seiner Gläubiger sind die Italiener selbst, Firmen, reiche Familien und

Organisationen, die über viel Geld verfügen. Das bedeutet aber, dass jede Übernahme italienischer Staatsschulden etwa durch den deutschen Steuerzahler vor allem dazu dienen würde, diesen Gläubigern ihre drohenden Verluste zu ersparen. Das wird den deutschen Steuerzahler nicht begeistern, weshalb eine solche Maßnahme nur funktionieren kann, wenn er sie nicht mitbekommt. Andernfalls würden seine Bedürfnisse nach Gerechtigkeit und Stimmigkeit empfindlich verletzt, frei nach dem Motto: »Wir werden mit einer Vermögensabgabe und hohen Steuern geschröpft, damit sich die italienische Mafia schadlos hält.«

Solche Probleme haben explosives Potenzial. Sie gefährden das Friedensprojekt Europa. Wären die Bürger direkt an der Planung der staatlichen Haushalte beteiligt gewesen, in allen Ländern der EU, wäre es wohl eher nicht zu solchen Verwerfungen gekommen. Weder hätten die italienischen Bürger sich freiwillig über Maß verschuldet, noch hätten deutsche Bürger einer wie auch immer gearteten Haftung dafür zugestimmt.

Wäre eine direkt von der Bevölkerung getragene Gesetzgebung dazu geeignet, Auswüchse wie in Italien zu verhindern? Die Antworten auf diese Frage sind vielfältig. Und so die damit verbundenen Argumente. Oft ist zu hören, die Gesetzgebung sei zu kompliziert für eine direkte Mitsprache der Bürger. Aktuell ist sie es. Etwa muss in Österreich der Verfassungsgerichtshof eine Normenkontrolle ausüben, also systematisch prüfen, ob Gesetze und Verordnungen nicht im Widerspruch zu anderen Gesetzen stehen, was aufgrund ihrer Komplexität häufig der Fall ist. Zur Klarstellung werden den bereits bestehenden Klauseln ständig weitere hinzugefügt, anstatt grundlegende Vereinfachungen als Möglichkeit in Betracht zu ziehen. Offenkundig ist damit in der Formulierung von Gesetzen längst eine Selbstverstärkung am Werk, die der Rechtspraxis über den Kopf gewachsen ist, weil sich fast keiner mehr auskennt. Aber muss eine solche Entwicklung unumkehrbar sein? Müssen Gesetze unweigerlich kompliziert sein?

Die Steuerreform, die auf einem Bierdeckel Platz haben sollte, blieb bislang politische Theorie. Doch warum sollten gerade in der Steuergesetzgebung nicht auch einfache Gesetze funktionieren? Statt unübersichtlicher Abschreibungen und Steuerschlupflöchern für kreative Trickser könnten gerade hier transparente und leicht verständliche Regeln das Gerechtigkeitsempfinden bei den Bürgern wiederherstellen – mit Übergangslösungen, um die Steuerberater nicht ins Unglück zu stürzen.

Anregungen dafür lassen sich in Ländern finden, die sich einen Steuergesetzdschungel erspart haben. Weil es kaum Absatzposten gibt, liegt beispielsweise in Estland die Einkommensteuer bei 20 Prozent, in Russland sogar nur bei 13. In Zimbabwe gibt es gar die Überlegung, die Einkommensteuer ganz abzuschaffen, weil sich dort die Geldtransfersteuer bewährt, bei der sämtliche Überweisungen oder Kreditkartenzahlungen mit zwei Prozent besteuert werden – eine simple Umsatzsteuer, bei der Sparsamkeit belohnt wird, weil derjenige mehr Steuern zahlt, der mehr ausgibt. Der zunehmende Verzicht auf Bargeld, wie er in den skandinavischen Ländern bereits Alltag ist, böte dafür eine ideale Grundlage.

Eine Gesetzgebung mit dem Bürger als Letztinstanz hätte den förderlichen Effekt, dass Gesetze einfach und verständlich sein müssten, weil sie andernfalls bei einer Abstimmung höchstwahrscheinlich durchfallen würden. Die Bürger würden sich mit ihren Gesetzen identifizieren, der Einfluss von Lobbyisten würde begrenzt.

Selbstverständlich besteht bei direkten Volksabstimmungen die Gefahr, dass Mehrheitsentscheidungen gelegentlich zu nachteiligen Ergebnissen führen. Doch ist das bei politischen Entscheidungen hinter geschlossenen Türen genauso der Fall. Die vielen Verordnungen zur Bekämpfung der Corona-Pandemie sollten das selbst dem letzten Zweifler eindrucksvoll vor Augen geführt haben. Während Politiker die Konsequenzen aus den von ihnen verabschiedeten Gesetzen meist kaum zu spüren bekommen, sind die Bürger von der Gesetzgebung viel unmittelbarer betroffen. Unweigerlich würden daher durch direkte Volksabstimmungen Lernprozesse angestoßen. Gerade wenn es um das eigene Geld geht, erweisen sich Bürger als lernwillig und lernfähig – und wären sicher bereit, schlechte Gesetze zu überdenken und durch bessere zu ersetzen.

Die wirklichen Auswirkungen von Gesetzen lassen sich üblicherweise erst in der Praxis erkennen. Vorhersagen von Experten sind nur selten korrekt. Oft sind sie sich anfangs uneinig und liegen rückblickend sämtlich falsch. Das liegt daran, dass die praktischen Konsequenzen komplexer Prozesse kaum verlässlich abgeschätzt werden können. Denken wir nur an die Verlässlichkeit der Wetterprognose.

Wie widersprüchlich Annahmen sind und welche von ihnen am Ende zutreffen werden, kann aktuell bei dem spannenden Großexperiment Brexit mitverfolgt werden. Hier hat eine direkte Volksbefragung zu einer Entscheidung geführt, die der Meinung der meisten Politiker entgegenstand – was durchaus der entscheidende Grund für das Abstimmungsergebnis gewesen sein könnte. Es ist gut möglich, dass es ein böses Erwachen geben wird und die Bevölkerung die Quittung für ihr Votum bekommt. Doch es kann auch sein, dass alles ganz anders wird und die prognostizierte Katastrophe ausbleibt. Jedenfalls wird das Leben auf der Insel und in Europa weitergehen. Eindrucksvoll zeigt der Brexit jedoch schon jetzt, dass die Briten einen selbst gefassten Mehrheitsbeschluss akzeptieren und auch bereit sind, die Konsequenzen zu tragen. Hätten die Briten nicht selbst abstimmen dürfen, wäre die Akzeptanz sicher deutlich geringer und dadurch das Protestpotenzial höher.

Jede Form direkter Bürgerbeteiligung weckt die Angst, Populisten und Demagogen könnten Stimmungen anheizen und dadurch radikale Beschlüsse durchsetzen. Wie wir gesehen haben, ist diese Angst durchaus berechtigt, weil durch emotionalen Druck psychische Spaltungstendenzen angestoßen werden, die Radikalisierung fördern. Ganz besonders gilt das bei der Mobilisierung von Massen. Der Aufstieg der Nationalsozialisten ist dafür mahnendes Beispiel. Mit dem Verweis auf ihre Verbrechen den Bürgern jedoch für immer ein direktes Mitspracherecht zu verweigern ist auf Dauer keine tragbare Lösung. Zu sehr entstehen in der Bevölkerung unter dem Eindruck andauernder Bevormundung Frustration und Wut, Gefühle, die gerade den Nährboden für radikale Strömungen bilden. Doch wie lässt sich die Gefahr drohender Radikalisierung in einer von mehr direkter Mitbestimmung der Bürger geprägten Demokratie bannen?

An erster Stelle sollte die Politik erreichen, dass die Bürger im Großen und Ganzen zufrieden sind, indem sie sich an den psychischen Grundbedürfnissen der Bürger orientiert, denn wo weder Angst noch Wut herrschen, fehlt die Grundlage für emotionale Zuspitzungen. Wesentlich dafür ist eine Perspektive für mehr direkte Demokratie, die konkret vorgestellt werden sollte, weil Transparenz und Nachvollziehbarkeit entscheidend sind für die Akzeptanz von politischen Beschlüssen. Selbst unpopuläre Maßnahmen finden Unterstützung, wenn sie sinnvoll erscheinen, etwa sind die Bürger bereit, für den Umwelt- und Klimaschutz finanzielle Belastungen in Kauf zu nehmen.

Weil es jederzeit durch Krisen zu einer Emotionalisierung der Bevölkerung kommen kann, müssen die staatlichen Strukturen stabil genug sein, um dem Sturm der Gefühle standzuhalten, müssen daher streng ausgelegte Grenzen der Verfassungsmäßigkeit die Demokratie schützen. Die Meinungsfreiheit muss unbeschränkt gelten, die aktive politische Teilhabe aber sollte an einen eng ausgelegten Verfassungsrahmen gebunden sein. Dadurch stünde jede zur Wahl zugelassene Partei so stabil auf dem Boden der Verfassung, dass sie prinzipiell für Koalitionen oder andere Formen der inhaltlichen Zusammenarbeit geeignet wäre. Eine Ausgrenzung gewählter Volksvertreter, wie sie in Deutschland aktuell praktiziert und von den Wählern als Missachtung ihres Willens und damit als ungerecht wahrgenommen wird, wäre damit obsolet. Die Regierung der Schweiz, der Bundesrat, macht vor, dass das geht. Regelmäßig rekrutieren sich seine sieben Mitglieder aus dem ganzen Parteienspektrum und müssen trotz unterschiedlicher Positionen miteinander klarkommen, was ihnen offenbar gelingt.

Der Staat der Zukunft

In Weiterentwicklung des Staatskonzepts von Fürst Hans-Adam und in Berücksichtigung der Erkenntnisse der Hirnforschung sollte ein Staat der Zukunft folgende Gestalt annehmen:

Der Staat als Dienstleister seiner Bürger müsste föderal organisiert sein mit einer übergeordneten Instanz, die die vier überregionalen Aufgabenbereiche regelt: Außenpolitik, Rechtsprechung, Sicherheit und Staatsfinanzen. In Europa könnte eine solche Aufgabe anfangs vom Europaparlament übernommen werden, langfristig ist ein direkt gewähltes UN-Parlament mit einer auf Rechtsprechung, Sicherheit und Staatsfinanzen beschränkten Zuständigkeit anzustreben. Dieses gewählte Parlament würde wie in einer indirekten Demokratie arbeiten, allerdings mit der Möglichkeit, dass Bürger durch Volksentscheide die Beschlüsse des Parlaments widerrufen könnten.

Voraussetzung dafür ist natürlich, dass die Menschheit sich auf Grundwerte einigen kann, die für alle gültig sind. Ein verbindlicher Grundrechtskatalog müsste beschlossen werden, der, um Minderheitenrechte zu schützen und um der Gefahr eines radikalen Umbruchs vorzubeugen, einmal vom Volk gebilligt, nur durch eine Zustimmungsquote nahe der Einstimmigkeit geändert werden könnte.

Wie ein solcher Grundkatalog aussehen kann und wie sehr dabei die psychischen Grundbedürfnisse des Menschen zu berücksichtigen sind, dafür gibt der erste nationale Glücksindex der Welt Anhaltspunkte: Das Königreich Bhutan im Himalaja hat das Glück seiner Bürger zum Staatsziel erklärt. In systematischen Bürgerbefragungen wurden insgesamt neun Domänen staatlicher Glücksförderung identifiziert, die zwar die buddhistische Kultur des Landes widerspiegeln, jedoch weitgehende Allgemeingültigkeit besitzen und implizit die Forderungen der Hirnforschung an die Politik miteinschließen: psychisches Wohlbefinden, Gesundheit, ein ausgeglichenes Verhältnis von Arbeit und Ruhe, Bildung (Wissen und Werte), kulturelle Vielfalt, aktive Partizipation an der Politik, soziale Gemeinschaft, Umweltschutz, soziale Absicherung.

Um der Vielfalt an Kulturen Rechnung zu tragen, würde im Zukunftsstaat die konkrete Umsetzung des Grundrechtskatalogs den einzelnen Regionen obliegen, regionalen Einheiten in überschaubarer Größe – damit die Bürger sich mit ihnen identifizieren können –, die sich in weitgehender Autonomie politisch selbst verwalten.

Das entspricht in vielem der Struktur der Schweiz mit ihren teilautonomen Kantonen. Dort bewirkt die föderale Struktur, dass die einzelnen Kantone, ja selbst die einzelnen Gemeinden miteinander im Wettbewerb stehen, sich beispielsweise die Bürger anhand transparenter Listen aussuchen können, wo und damit wie viel Steuern sie zahlen möchten.

Angelehnt an dieses bewährte Modell ließe sich gerade in Europa mit seinem traditionell regionalen Aufbau ein konstruktiver Wettbewerb zwischen den Regionen etablieren, der keineswegs nur die wirtschaftlichen Rahmenbedingungen, sondern die Lebensqualität insgesamt betreffen würde. Strukturschwache Regionen könnten einen stimulierenden Standortvorteil durch Verwaltungseffizienz mit kurzen Amtswegen und durch politische Mitgestaltungsmöglichkeiten mit einem direkten Kontakt zwischen Politikern und Bürgern gewinnen. Schnelle und pragmatische Problemlösung vor Ort wäre das Ergebnis.

In der Praxis hätten regional selbstverwaltete Einheiten beispielsweise in der Flüchtlingskrise dazu geführt, dass sich manche Regionen für die Aufnahme von Flüchtlingen und andere dagegen ausgesprochen hätten. Die Bürger vor Ort hätten hinter den von ihnen getroffenen Entscheidungen gestanden. Dadurch wäre die wütende Protestbewegung verhindert worden, die wegen der für viele als fremdbestimmt und willkürlich wahrgenommenen Verteilung der Flüchtlinge Zulauf fand.

Die staatlichen Finanzen, also die staatlichen Ausgaben und ihre Finanzierung über Steuern, würden in einem Zukunftsstaat ebenfalls unter der direkten Mitsprache der Bürger stehen. Sinnvollerweise würden dabei die indirekten Steuern dem übernationalen Staat und die direkten Steuern den Regionen zukommen. Eine entsprechende Aufteilung der Steuern existiert bereits in den USA, doch gehen dort umgekehrt die indirekten Steuern an die Bundesstaaten, was an den Grenzen oft zu absurden Verzerrungen führt. Ist in einem Bundesstaat die Getränkesteuer niedrig, reiht sich an der Grenze zum Nachbarn ein Spirituosengeschäft an das andere. In anderen Gegenden stehen Casino an Casino. Kämen den Bundesstaaten stattdessen die Lohn- und Einkommensteuern zugute, könnten solche unsinnigen Entwicklungen vermieden werden.

Die Einnahmen des übernationalen Staats wären für seine vier überregionalen Aufgabenbereiche bestimmt und müssten zusätzlich dazu dienen, benachteiligte Regionen zu unterstützen, weil sonst die Gefahr bestünde, dass, wie ich es bei der Organisation der Sozialleistungen beschrieben habe, die armen Regionen immer weiter verarmen. Mit einem solchen Lenkungsmechanismus für faire Startbedingungen würde die regionale Steuerhoheit wie in der Schweiz zu einer fruchtbaren Konkurrenz zwischen den Regionen führen. Durch die Selbstbestimmtheit bestünde zudem die Möglichkeit, dass die Bürger vor Ort bedarfsweise ihr Steuerniveau flexibel anpassen könnten. So könnten sie etwa bei

Zukunftsinvestitionen einer befristeten Mehrbelastung zustimmen oder, wenn nötig, zur Ankurbelung der Wirtschaft die Steuern senken.

Auch in ihrer direktdemokratischen Organisation ist die Schweiz vorbildhaft. Sämtliche vom Parlament beschlossenen Bundesgesetze können durch Volksentscheide widerrufen werden. Das sichert nicht nur das Interesse der Bürger an der Gesetzgebung, sondern es setzt auch die Politiker dem geforderten konstruktiven Druck aus, Gesetze so zu entwerfen und zu formulieren, dass sie vom Volk akzeptiert werden. Wo die Bürger aktiv mitbestimmen dürfen, identifizieren sie sich stärker mit ihrem Staat, da er zu ihrer ureigensten Angelegenheit wird, anstatt als anonymer Machtapparat wahrgenommen zu werden, der über ihre Köpfe hinweg entscheidet.

Zugleich sollte in der Gesetzgebung das kreative Potenzial der Bürger genutzt werden durch die Möglichkeit zu direkten Eingaben an die lokalen Parlamente. Die Zahl an möglichen Ideen wird dadurch größer, als wenn nur die Politiker und ihre Berater sich ihre Köpfe zerbrechen, und außerdem fließt die alltägliche Lebenspraxis in die Vorschläge ein. Ein Beispiel für eine solche kreative Idee, die mir einmal fernab der Politik vorgeschlagen wurde, war die, dass Eltern minderjähriger Kinder für jedes Kind eine zusätzliche Stimme bei der Wahl erhalten könnten, um dadurch staatliche Entscheidungen stärker an der Zukunft der Gesellschaft zu orientieren.

Abschaffung der Nation

Ich bin dafür, auf dem Wege der staatlichen Umgestaltung zu regionaler direktdemokratischer Selbstverwaltung die Nationalstaaten ganz abzuschaffen, weil die Nation vor allem eine institutionalisierte Spaltung ist: Wir gegen den Rest der Welt. Ein Volk, ein Reich – und den Rest kennen wir ja. So sehr die Nation einerseits integriert, so sehr schließt sie andererseits auch den aus, der nicht dazugehört.

Um zu verstehen, warum wir Menschen uns die Nation gegeben haben, ist ein Blick in die Geschichte notwendig, denn der Nationalstaat ist weder Teil der menschlichen Natur noch gottgegeben. Entwickelt wurde er als Problemlösungsansatz im Wesentlichen gegen Ende des 18. und zu Beginn des 19. Jahrhunderts. Damals begann das in den Städten erstarkende Bürgertum seine Mündigkeit immer vehementer einzufordern. Der Nationalismus wurde dabei zum kraftvollen Vehikel, mit dem die Masse zu mobilisieren war, um so in mehreren Revolutionen die Herrschaft des Adels hinwegzufegen. Doch hat der Nationalismus seine Schuldigkeit getan. Was bleibt, sind die Nachteile nationalstaatlicher Strukturen. Insbesondere schränkt die Nation das Recht des Bürgers auf eine echte Selbstbestimmung ein. Er hat sich ungefragt dem nationalen Interesse unterzuordnen und nicht dem einer von ihm selbst gewählten Gemeinschaft, die er weitgehend aktiv mitgestalten kann.

Das Projekt der Aufklärung, das politisch zum Entstehen der Nationen führte, war aus psychologischer Sicht ein Schritt des

Bürgertums auf dem Weg ins selbstbestimmte Erwachsenendasein auf politischer Ebene. Und so fordert der psychisch erwachsene Mensch immer hörbarer ein, diesen Weg weiterzugehen und auch politisch wirklich erwachsen und damit selbstbestimmt zu werden. Oder in den Worten von Hans-Adam: »War die indirekte Demokratie die Demokratie für Analphabeten, so ist die direkte Demokratie und das Selbstbestimmungsrecht auf Gemeindeebene die Demokratie für das gebildete Volk.«

Zur Verwirklichung einer weitgehenden Selbstbestimmung von Bürgergemeinschaften bedarf es politischer Strukturen, die die Nation nicht bieten kann, weil sie meist zu groß ist für die Gestaltung regionaler Lebensräume und zu klein für die globalen Herausforderungen, denen sich die Menschheit als ganze stellen muss. Wo die Nation in Fragen globaler Probleme Egoismen bedient und spaltet, verhindert sie dadurch deren Lösung. Bei Themen wie Klima, Wirtschaft oder Frieden sind nationale Strukturen eindeutig überfordert. Hat das Hin und Her der USA in der Klimapolitik während der letzten Jahre das nicht aller Welt lebendig vor Augen geführt?

Für die Abschaffung der Nation spricht auch, dass viele Nationen auf dem Globus künstliche Gebilde sind, die nach dem Gutdünken früherer Herrscher Völker fremdbestimmt zusammengepfercht oder getrennt haben. Wie explosiv eine Zwangsbeglückung durch eine nationale zentralistische Obrigkeit sein kann, die unterschiedliche Völker in ein Korsett zwängt, zeigte sich beim Zerfall Jugoslawiens. Auch die katastrophalen Dauerkriege in Afrika wurzeln zu einem erheblichen Teil in der unfreiwilligen nationalstaatlichen Aufteilung des Kontinents durch die Kolonialmächte, die so gar nichts mit den dort gewachsenen regionalen Strukturen zu tun hatte.

Doch wie bringen wir die einst gerufenen nationalen Geister zurück in die Flasche? Schließlich haben sie vielen Völkern Identität gestiftet.

In der psychischen Entwicklung erlaubt die Überwindung von Spaltung, die Realität in ihrer Komplexität zu erfassen und sich ihr pragmatisch zu stellen. Entsprechend sollte in der Politik die Überwindung von Spaltung durch Integration angestrebt werden, weil dadurch angemessene Problemlösungen möglich werden. Um bei der Überwindung der spaltenden nationalstaatlichen Ordnung einem Verlust der Identität vorzubeugen, muss das Identitätsgefühl der Bürger zunehmend von der nationalen auf die supranationale und dann auf die globale Ebene verlagert werden – aus Deutschen werden erst Europäer, dann Erdenbürger. Parallel dazu wird die regionale Selbstbestimmung durch die direkte Teilhabe helfen, ein Wir-Gefühl zu stiften, das sich nicht wie bei der Nation aus der Abgrenzung gegenüber anderen, sondern durch die gemeinsame Verantwortung für die Gemeinschaft konstituiert.

Modelle dafür, wie in der Praxis eine Machtaufteilung zwischen Regionen und übergeordneten staatlichen Strukturen aussehen kann, gibt es ebenfalls bereits. Wie in der Schweiz existiert auch in den USA eine politische Struktur mit weitgehender regionaler Selbstverwaltung – wiewohl bei beiden noch die Nation über den Regionen steht.

Die EU könnte beim Übergang von der Nation zur globalen Ordnung Modell sein, doch krankt ihre Weiterentwicklung in mehreren Punkten: Die Nationalstaaten besitzen weiterhin fast die gesamte Macht und hemmen dadurch die Integration. Ferner zementieren sie national geschaffene Probleme – etwa die nationalen Staatsschulden. Die Stärkung der Regionen ist unzureichend. Insbesondere fehlt ihnen die Rechtshoheit für einen Wandel hin zu direkten demokratischen Entscheidungen.

Besonders heikel ist die Tatsache, dass die politischen Strukturen, die Europa sich gegeben hat, in weiten Teilen nur wenig demokratisch sind. Sie untermauern die Macht der politischen Institutionen und halten die Bürger fern. Schon im Grundaufbau der EU fehlt faktisch jede direkte Bürgerbeteiligung, denn nur die vom Parlament auf Vorschlag der nationalen Regierungen gewählte Kommission hat ein Initiativrecht für die Gesetzgebung. Die seit 2012 bestehende Möglichkeit einer direkten Bürgerinitiative erlaubt dem Bürger lediglich, die Kommission dazu zu verpflichten, sich mit einer Eingabe zu beschäftigen – wie, das ist nicht vorgegeben. Dafür ist die Hürde für eine Bürgerinitiative hoch angesetzt. Eine Million Unterschriften müssen in zwölf Monaten gesammelt werden. Und trotz dieser enormen Hürde erwachsen aus ihr keine verbindlichen Konsequenzen, frei nach Shakespeare: viel Lärm um nichts.

Der EU fehlt auf allen Ebenen eine direkte Mitsprache des Volkes, denn wer in die Kommission einzieht, handeln nationale Regierungen und EU-Parlament untereinander aus. Welche Gesetze vorgeschlagen werden, entscheidet die Kommission. Welche beschlossen werden, bestimmen das gewählte Parlament und der EU-Rat. Letzterer ist wiederum national besetzt. Kein Wunder, wenn beim Bürger der Eindruck eines Brüsseler Wasserkopfs entsteht, der als karikierte Steigerung der nationalen politischen Oligarchie macht, was er will.

Hier muss ein grundlegender Wandel erfolgen. Europa könnte und sollte Vorreiter sein bei der schrittweisen Entwicklung eines Regierungsmodells der Zukunft, das den Wünschen der Bürger gerecht wird. Es ist an der Zeit, in Europa direkte demokratische Strukturen einzuführen, erst auf Gemeindeebene, dann regional, zuletzt gesamteuropäisch.

Eine konsequent umgesetzte Selbstbestimmung der Bürger muss selbstverständlich das Recht beinhalten, als Gemeinschaft aus einer Nation – solange die noch existiert – oder aus einem Staatenbund auszuscheiden. Laut UN-Charta existiert ein Selbstbestimmungsrecht der Völker. In Artikel 1, Absatz 1 des Internationalen Pakts über bürgerliche und politische Rechte ist festgelegt: »Alle Völker haben das Recht auf Selbstbestimmung. Kraft dieses Rechts entscheiden sie frei über ihren politischen Status und gestalten in Freiheit ihre wirtschaftliche, soziale und kulturelle Entwicklung.« Allerdings existiert dieses Recht bislang vor allem auf dem Papier und wird nicht konsequent umgesetzt, weil es zugleich ein Recht auf die Unverletzlichkeit der Staatsgrenzen gibt, das oft im Widerspruch zur freien Selbstbestimmung steht. Einzig Liechtenstein gibt sich auch in dieser Hinsicht unkonventionell. Die Verfassung stellt es dort jeder Gemeinde frei, das Land zu verlassen, sollte ihr mehrheitlich der Sinn danach stehen.

Und doch kommt trotz der Selbstblockade der UNO Bewegung in die Weltkarte. Osttimor, Kosovo, Südsudan sind die jüngsten Neuzugänge selbstständiger Länder in einer Größe, die regionalen Selbstverwaltungszonen entspricht. Bougainville wird bald folgen. Auch in Europa streben Regionen nach staatlicher Unabhängigkeit, etwa Katalonien oder Schottland. Während Spanien mit nationalistischer Macht gegen das Aufbegehren der Katalanen vorgeht, orientieren sich die Briten stärker am Fairplay und erlauben direkte Volksabstimmungen.

Werden nach Abschaffung der Nationen nur noch die autonomen Regionen und eine einzige supranationale Struktur das politische Geschick der Weltbürger bestimmen, wird die UNO in der Verantwortung stehen und sich selbst in eine demokratische Organisation wandeln müssen. Direkt gewählte UN-Abgeordnete müssen bindende Mehrheitsentscheidungen treffen können, die wiederum auf Antrag direkten Volksentscheiden unterworfen sind.

Noch arbeitet bei der UNO niemand an einer solchen Zukunft. Doch lässt sie sich anstoßen wie beim Internationalen Gerichtshof der Vereinten Nationen in Den Haag. Dort haben sich einzelne Länder freiwillig seiner Gerichtsbarkeit unterworfen, und weitere zogen nach. Bis 2007 waren es fünfundsechzig Länder. Österreich trat 1971 bei, Deutschland folgte 2008. Einzelne traten wieder aus, doch die Zahl der Mitglieder wächst stetig. Heute sind es schon 124 Länder (Stand 2021).

Ein weiteres Mal könnte Europa sich beispielhaft einbringen, indem die Länder Europas Grundregeln definieren, die ihrer Meinung nach für die zukünftigen, demokratisch organisierten Vereinten Nationen gelten sollten. Sie könnten andere Länder einladen, an der Ausformulierung dieser Grundregeln mitzuwirken. Nach Abschluss einer solchen provisorischen neuen UN-Charta könnten alle daran Beteiligten sie bereits jetzt freiwillig als bindend anerkennen. Wieder werden sich andere Länder anschließen.

Ausblick

Nur wenige Einsichten genügen, um unsere Gesellschaft an unseren genuinen Grundbedürfnissen neu auszurichten. Aktuell stagniert unser politisches System, und es ignoriert, was wir für unser Wohlbefinden brauchen. Soziales Miteinander wird dem Diktat der Wirtschaft unterworfen, dabei ist es für uns so wichtig wie die Luft zum Atmen. Entscheidungen der Politik werden ohne unsere Mitsprache getroffen und sind oft nicht nachvollziehbar. Fehlende Mitgestaltung und fehlendes Verständnis führen zu Frustration und Wut. Daher legen radikale Kräfte zu. Die Mitte resigniert. Es führt kein Weg daran vorbei, wir müssen uns einer Wertediskussion stellen, und wir müssen unseren Staat zu einer Gemeinschaft mündiger Bürger weiterentwickeln, in der alle, die das wollen, direkt an den Zukunftsentscheidungen beteiligt sind.

Ohne eine solche Perspektive bleibt die Politik Verwalterin des Status quo. Das aktuelle System hat sich längst in einem Strudel der Selbstverstärkung verfangen. Politiker sind nicht mehr in der Lage, über den eigenen Horizont hinauszuschauen. Sie hangeln sich von Krise zu Krise, reagieren nur, statt vorausschauend zu agieren, und häufen dabei Hypotheken für die Zukunft an, die jede Vorstellungskraft sprengen. Ob Staatsschulden, Klimakatastrophe, Renten, Gesundheit, die Zukunft der EU, die Flüchtlingskrise oder zuletzt Corona – all diese Probleme offenbaren, dass die Politik nur Flickschusterei betreibt. Dabei sind echte Lösungen gefragt. Die Zeit drängt.

Ohne eine direkte Beteiligung fehlt den Bürgern das Gefühl für ihre Verantwortung, die gefordert ist, damit die Werte unserer Demokratie nicht durch Radikale von rechts und links gefährdet werden, die bislang als Einzige die wachsende Wut der Bürger auffangen, sie für ihre spaltenden Ideologien instrumentalisieren und weiter anheizen.

Dem können wir entgegentreten. Kurzfristig, indem die Politiker ihren Elfenbeinturm verlassen und gemeinsam mit den Bürgern die Manipulationen der Radikalen entlarven und einen Diskurs der Argumente einfordern. Mittelfristig, indem wir unser politisches System zu einer direkten Demokratie weiterentwickeln. Langfristig, indem wir unser Bildungssystem zukunftsfit machen und unsere Kinder zu mündigen Bürgern erziehen, die wissen, was wirklich wichtig ist im Leben, und die fähig sind, Verantwortung zu übernehmen für die Gesellschaft in einem globalen Staat der Zukunft und für die Rettung unseres Planeten.

Wir müssen uns der Verantwortung stellen, dass wir unsere kulturelle Evolution, die die Bedeutung unseres biologischen Erbes längst überholt hat, und damit unsere Zukunft weitgehend selbst formen können. Daher kommt es bei der Gestaltung der Zukunft auf jeden Einzelnen an. Der erste Schritt dazu, die Welt zu verändern, beginnt bei uns selbst. Wir müssen uns eigene Meinungen bilden, und wir müssen Farbe bekennen. Wir müssen uns austauschen mit anderen, uns zusammentun und unsere Grundwerte offensiv vertreten, zu Hause, im Freundeskreis und in der Diskussion mit Andersdenkenden.

Ein würdiges und friedliches Miteinander aller Menschen ist möglich, und es liegt in unser aller Hand, es zu verwirklichen. Wir Menschen besitzen die Fähigkeit, unsere Welt zu formen – viel freier, als wir uns das in unseren kühnsten Träumen auszumalen wagen. Stellen wir uns endlich dieser Verantwortung, und fangen wir damit bei uns selbst an!

Literatur und Links

Literatur

Bachmann, Ingeborg: Die Wahrheit ist dem Menschen zumutbar, Reden, Schriften, Essays. München 2011

Baecker, Dirk, Krieg, Peter, und Fritz B. Simon (Hrsg.): Terror im System. Der 11. September und seine Folgen. Heidelberg 2002

Bartels, Andreas: Die Liebe im Kopf. Über Partnerwahl, Bindung und Blindheit. In: Manfred Spitzer und Wulf Bertram (Hrsg.): Hirnforschung für Neu(ro) gierige. Braintertainment 2.0. Stuttgart 2010, S. 76–106

Bauer, Joachim: Warum ich fühle, was du fühlst. Intuitive Kommunikation und das Geheimnis der Spiegelneurone. München 2006. Aktualisierte Neuausgabe

Bauer, Joachim: Das Gedächtnis des Körpers. Wie Beziehungen und Lebensstile unsere Gene steuern. München 2007

Bauer, Joachim: Selbststeuerung. Die Wiederentdeckung des freien Willens. München 2015

Bauer, Joachim: Wie wir werden, wer wir sind. Die Entstehung des menschlichen Selbst durch Resonanz. München 2019

Bode, Sabine: Kriegsenkel. Die Erben der vergessenen Generation. Stuttgart 2013

Buchheim, Anna, und Wulf Bertram: »Ain't no sunshine when she's gone«. In: Manfred Spitzer und Wulf Bertram: Hirnforschung für Neu(ro)gierige. Braintertainment 2.0. Stuttgart 2010, S. 28–42

Bühring, Brigitta: Psychotherapie von Folteropfern. In: Stephan Ahrens und Wolfgang Schneider (Hrsg.): Lehrbuch der Psychotherapie und der psychosomatischen Medizin. Stuttgart 2002, S. 633–640

DeMause, Lloyd: Die Ursprünge des Terrorismus in der Kindheit. In: Dirk Baecker, Peter Krieg und Fritz B. Simon (Hrsg.): Terror im System. Der 11. September und seine Folgen. Heidelberg 2002, S. 51–60

DeMause, Lloyd: Das emotionale Leben der Nationen. Klagenfurt 2002

Deneke, Friedrich-Wilhelm: Psychische Struktur und Gehirn. Die Gestaltung subjektiver Wirklichkeiten. Stuttgart 1999

Dornes, Martin: Die frühe Kindheit. Entwicklungspsychologie der ersten Lebensjahre. Frankfurt am Main 1997

Dulz, Birger, und Maren Jensen: Aspekte der Traumaätiologie der Borderline-Persönlichkeitsstörung: Psychoanalytisch-psychodynamische Überlegungen und empirische Daten. In: Birger Dulz, Sabine C. Herpertz, Otto F. Kernberg und Ulrich Sachsse (Hrsg.): Handbuch der Borderline-Störungen. Stuttgart 2000, S. 167-193

Ebert, Vince: Glaubst du noch oder denkst du schon? In: Manfred Spitzer und Wulf Bertram (Hrsg.): Hirnforschung für Neu(ro)gierige. Braintertainment 2.0. Stuttgart 2010, S. 261-274

Fischler, Franz: »Schulreform lernen«. In: *Der Standard*, 19. Juni 2010

Fonagy, Peter, u. a.: Entwicklungspsychologische Wurzeln der Borderline-Persönlichkeitsstörung – Reflective Functioning und Bindung. In: Persönlichkeitsstörungen Theorie und Therapie, 4/2001, S. 217–229

Freyberger, Harald J., und Carsten Spitzer: Posttraumatische Belastungsstörungen. In: Stephan Ahrens und Wolfgang Schneider (Hrsg.): Lehrbuch der Psychotherapie und der psychosomatischen Medizin. Stuttgart 2002

Fritz-Schubert, Ernst: Glück kann man lernen. Was Kinder stark fürs Leben macht. Berlin 2010

Fromm, Erich: Anatomie der menschlichen Destruktivität. Reinbek 1973 (hier 2005)

Hüther, Gerald: Biologie der Angst. Wie aus Streß Gefühle werden. Göttingen 1997

Janus, Ludwig: Wie die Seele entsteht. Unser psychisches Leben vor und nach der Geburt. München 1993

Johnson, Paul M., und Paul J. Kenny: Dopamine D2 receptors in addiction-like reward dysfunction and compulsive eating in obese rats. In: Nature Neuroscience, 13, 2010, S. 635–641

Jungen, Oliver: »Krieg in Kongo«. In: *FAZ*, 23. August 2010

Kapfhammer, Hans-Peter: Trauma und Dissoziation – eine neurobiologische Perspektive. In: Persönlichkeitsstörungen Theorie und Therapie, Sonderband 2001, S. 114–129

Kast, Bas: Revolution im Kopf. Die Zukunft des Gehirns. Gebrauchsanweisung für das 21. Jahrhundert. Berlin 2003

Kernberg, Otto F.: Sanktionierte gesellschaftliche Gewalt: Eine psychoanalytische Sichtweise. In: Persönlichkeitsstörungen Theorie und Therapie, Heft 1/2000, S. 4–25

Kernberg, Otto F.: Die narzißtische Persönlichkeitsstörung und ihre differentialdiagnostische Abgrenzung zu antisozialem Verhalten. In: Otto F. Kernberg (Hrsg.): Narzißtische Persönlichkeitsstörungen. Stuttgart 1996, S. 52–70

Liechtenstein, Fürst Hans-Adam II. von: Der Staat im dritten Jahrtausend. Wien 2010

Parin, Paul, Morgenthaler, Fritz, und Goldy Parin-Matthèy: Die Weißen denken zuviel. Psychoanalytische Untersuchungen bei den Dogon in Westafrika. Hamburg 2012

Precht, Richard David: Liebe. Ein unordentliches Gefühl. München 2009

Priddat, Birger P.: Djihad als Netzwerkunternehmen eines global tribe: al-Qaida. In: Dirk Baecker, Peter Krieg und Fritz B. Simon (Hrsg.): Terror im System. Der 11. September und seine Folgen. Heidelberg 2002, S. 110–129

Reddemann, Luise, und Ulrich Sachsse: Trauma first! In: Persönlichkeitsstörungen Theorie und Therapie, Heft 1/1999, S. 16–20

Sarrazin, Thilo: Deutschland schafft sich ab. Wie wir unser Land aufs Spiel setzen. München 2010

Sloterdijk, Peter: Zorn und Zeit. Politisch-psychologischer Versuch. Frankfurt am Main 2006

Spitzer, Manfred: Nervensachen. Perspektiven zu Geist, Hirn und Gesellschaft. Stuttgart 2003

Spitzer, Manfred: Vom Sinn des Lebens. Wege statt Werke. Stuttgart 2006

Strauß, Bernhard: Die Bedeutung der Bindungstheorie und -forschung für die Psychotherapie. In: Stephan Ahrens und Wolfgang Schneider (Hrsg.): Lehrbuch der Psychotherapie und der psychosomatischen Medizin. Stuttgart 2002, S. 149–157

Sunde, Uwe: Wirtschaftliche Entwicklung und Demokratie: Ist Demokratie ein Wohlstandmotor oder ein Wohlstandsprodukt? IZA Discussion Papers 2244. Institute of Labor Economics (IZA). Bonn 2006

Thomashoff, Hans-Otto: Versuchung des Bösen. So entkommen wir der Aggressionsspirale. München 2009

Thomashoff, Hans-Otto: Ich suchte das Glück und fand die Zufriedenheit. München 2014

Thomashoff, Hans-Otto: Das gelungene Ich. München 2017

Tress, Wolfgang, und Rudolf Heinz: Willensfreiheit zwischen Philosophie, Psychoanalyse und Neurobiologie. Göttingen 2007

Volkan, Vamik D.: Die Persönlichkeiten von Anführern und soziopolitische Prozesse. In: Persönlichkeitsstörungen Theorie und Therapie. Heft 1/2000, S. 27-35

Wetzels, Peter: Zur Epidemiologie physischer und sexueller Gewalterfahrungen in der Kindheit. Hannover 1997

Zimbardo, Philip G.: Psychologie. Berlin 1995
Zimbardo, Philip: Der Luzifer-Effekt. Die Macht der Umstände und die Psychologie des Bösen. Heidelberg 2008

Links

https://austrian-institute.org/de/blog/interview-mit-fuerst-hans-adam-ii/
https://blog.tagesanzeiger.ch/historyreloaded/index.php/325/die-meta-verschwoerungstheorie-im-weissen-haus/
https://blogs.faz.net/fazit/2019/01/16/warum-arme-leute-frueher-sterben-10485/
https://de.statista.com/statistik/daten/studie/173267/umfrage/lebenseinstellung-wert-der-familie/
https://de.statista.com/statistik/daten/studie/200543/umfrage/staatseinnahmen-und-staatsausgaben-in-italien/
https://gutezitate.com/zitat/172704
https://investinganswers.com/articles/these-four-giant-us-states-are-about-go-bankrupt
https://itep.org/60-fortune-500-companies-avoided-all-federal-income-tax-in-2018-under-new-tax-law/
https://kontrast.at/12-firmen-groessten-steuertrickser-eu/
https://publikationen.uni-tuebingen.de/xmlui/handle/10900/47226
https://sz-magazin.sueddeutsche.de/politik/ich-und-der-ganz-andere-86573
https://taz.de/Schwedens-Versaeumnisse-in-Coronapandemie/!5739500/
https://www.aerzteblatt.de/nachrichten/106375/Grippewelle-war-toedlichste-in-30-Jahren
https://www.badische-zeitung.de/bildung-wissen-1/nudging-wie-buerger-gelenkt-werden-sollen--121995666.html
https://www.berliner-zeitung.de/zukunft-technologie/haben-wir-bald-alle-einen-chip-im-gehirn-li.55116
https://www.berlin-institut.org/online-handbuchdemografie/entwicklungspolitik/bildung.html
https://bibelbund.de/2015/01/ismael-und-isaak-nach-bibel-und-koran/
https://www.bild.de/video/clip/oesterreich/strache-video-ibiza-affaere-61998292.bild.html
https://www.bpb.de/nachschlagen/zahlen-und-fakten/globalisierung/52814/internationale-gerichtsbarkeit

https://www.derstandard.at/story/2000122180517/taliban-und-afghanistan-schliessen-abkommen-uno-spricht-von-durchbruch
https://www.derstandard.at/story/2000121954823/regierung-schreibt-media-etat-um-180-millionen-euro-aus
https://www.faz.net/aktuell/feuilleton/sarrazin/die-thesen/sarrazins-biologismus-phantasma-juden-gen-11028466.html
https://www.faz.net/aktuell/finanzen/finanzmarkt/staatsanleihen-bei-wem-italien-verschuldet-ist-16124190.html
https://www.faz.net/aktuell/gesellschaft/menschen/die-wiederkehr-des-populismus-im-namen-des-volkes-16390688.html
https://www.faz.net/aktuell/politik/ausland/rom-haelt-die-maastricht-regeln-fuer-veraltet-16723438.html
https://www.faz.net/aktuell/politik/inland/buergerbeteiligung-mit-dem-los-verfahren-die-demokratie-retten-16268760.html
https://www.faz.net/aktuell/stil/leib-seele/hass-gewalt-und-corona-kann-und-soll-jeder-ein-held-werden-16734822.html?printPagedArticle=true#pageIndex_2
https://www.faz.net/aktuell/wirtschaft/mehr-wirtschaft/beben-in-der-weltbank-nach-wissenschaftlichem-aufsatz-16640392.html
https://www.faz.net/aktuell/wirtschaft/notstand-ohne-dramatik-wie-japan-dem-coronavirus-begegnet-16718021.html
https://www.gesetze-im-internet.de/gg/GG.pdf
https://www.governing.com/gov-data/municipal-cities-counties-bankruptcies-and-defaults.html
http://www.grossnationalhappiness.com/
https://www.independent.co.uk/voices/coronavirus-boris-johnson-trump-churchill-opinion-polls-a9431571.html
https://www.iri-europe.org/
https://www.iwkoeln.de/fileadmin/user_upload/Studien/Kurzberichte/PDF/2019/IW-Kurzbericht-2019_Wirtschaftskriminalitaet.pdf
https://www.jbt.de/manipulationstechniken-die-6-techniken/
https://www.ln-online.de/Lokales/Ostholstein/Wer-hilft-Hannah-Kleinkind-aus-Ahrensboek-braucht-teures-Medikament
https://medicalxpress.com/news/2006-09-evidence-mirror-neurons-role-language.html
http://www.medscape.com/viewarticle/407726_3
https://www.nytimes.com/2010/06/27/opinion/27kristof.html
https://www.nzz.ch/international/anmerkungen-zur-deutschen-erregungsgesellschaft-ld.1541649
https://www.nzz.ch/meinung/schweizer-trumpf-ist-die-kleinheit-ld.1553041

https://www.nzz.ch/video/nzz-standpunkte/die-schweiz-im-wuergegriff-von-corona-ld.1549929
https://www.onlinekosten.de/news/facebook-laesst-vr-brille-mit-blossen-haenden-steuern_220756.html
https://www.people-press.org/2019/04/11/public-trust-in-government-1958-2019/
https://www.reisereporter.de/artikel/12649-urlaub-trotz-corona-an-diese-reiseziele-kannst-du-virtuell-reisen
https://www.spektrum.de/news/wie-die-umwelt-unser-erbgut-veraendert/1302426
http://www.spiegel.de/wirtschaft/soziales/0,1518,697162,00.html 27.05.2010
https://www.sueddeutsche.de/wissen/psychologie-lieber-stroemschlaege-als-nichtstun-1.2029363
http://www.swissdemocracy.foundation/index.php/start
https://www.swr.de/swr2/programm/download-swr-1536.pdf
https://swz.it/buhmann-oder-supermann/
https://www.tagesschau.de/ausland/rauchen-tod-who-101.html
https://www.tagesspiegel.de/politik/eindruck-von-fuehrungslosigkeit-das-vertrauen-in-die-politik-erodiert-dramatisch/25250434.html
https://www.tagesspiegel.de/wissen/kampf-gegen-das-coronavirus-warum-schweden-in-der-pandemie-einen-anderen-weg-geht/25704790.html
https://www.t-online.de/nachrichten/deutschland/id_87639602/corona-krise-intensivmediziner-hinterfragt-beatmung-alter-schwerstkranker.html
https://www.vita34.at/news/stress-in-der-schwangerschaft-gut-oder-schlecht-fuers-baby/
https://www.zeit.de/politik/deutschland/2018-06/angela-merkel-fluechtlingspolitik-entscheidung-europa-asylstreit-horst-seehofer
https://www.zeit.de/1993/06/ohne-ruecksicht-auf-verluste
https://www.zpol.nomos.de/fileadmin/zpol/doc/Aufsatz_ZPol_07_04.pdf